W0175343

Irmtraut Wäger

Amala
Mein Leben für Tibet

Irmtraut Wäger

Amala

Mein Leben für Tibet

Aufgezeichnet von Franz Binder

Mit einem Vorwort des Dalai Lama

Mit 25 Fotos

nymphenburger

Ich widme dieses Buch meiner Familie sowie allen Paten, Mitgliedern, Freunden und Mitarbeitern der Deutschen Tibethilfe, ohne deren Hilfe meine Arbeit nicht möglich gewesen wäre.

© 2011 nymphenburger in der
F. A. Herbig Verlagsbuchhandlung GmbH, München.
Alle Rechte vorbehalten.
Schutzumschlag: www.atelier-sanna.com, München
Schutzumschlagmotiv und Fotos Innenteil: Archiv Irmtraut Wäger
Satz: Buch-Werkstatt GmbH, Bad Aibling
Gesetzt aus 10,7/14 pt. Sabon
Druck und Binden: GGP Media GmbH, Pößneck
Printed in Germany
ISBN 978-3-485-01337-6

www.nymphenburger-verlag.de

Inhalt

Vorwort von S. H. XIV. Dalai Lama 7

Einleitung 11

Kapitel 1 17
»Land der dunklen Wälder ...«
Kindheit und Jugend in Ostpreußen

Kapitel 2 67
Zwischen Krieg und Frieden
Turbulente Jahre zwischen 1945 und 1969

Kapitel 3 101
Faszination Tibet
Die »Traumreise« nach Indien

Kapitel 4 135
Helfen ist nicht immer einfach
Die Arbeit für die Tibeter beginnt

Kapitel 5 175
Hilfe für Tibet in Indien
Patenschaften und Sonderaktionen

Kapitel 6 211
Beständiger Wandel
Die Jahre nach der Jahrtausendwende

Vorwort

von S.H. XIV. Dalai Lama

Eines der ersten wichtigen Projekte, um das wir Tibeter uns kümmerten, nachdem wir 1959 ins Exil getrieben worden waren, war die Einrichtung eines Bildungssystems für die tibetischen Flüchtlingskinder. Anfangs unterstützte uns die indische Regierung in diesem Bestreben. Ein Grund für die gegenwärtige politische Misere des tibetischen Volkes kann dem Fehlen von moderner Bildung im alten Tibet zugeschrieben werden. Als wir deshalb erstmals Gelegenheit hatten, Reformrichtlinien für die Tibeter einzuführen, setzte ich mich für ein Bildungssystem ein, das den Kindern nicht nur ein Gefühl des Stolzes auf unsere Religion, Kultur und Identität vermittelt, sondern sie auch mit dem bestmöglichen Wissen für diese moderne Welt versorgt.

Während dieser Jahre hatten wir Tibeter das Glück, von Einzelpersonen und Organisationen auf der ganzen Welt in unseren Bemühungen, die tibetischen Flüchtlinge zu betreuen, unterstützt zu werden. Ama Irmtraut Wäger *(Ama = tibetisch: Mutter)* ist eine solche selbstlose Person, die ihr ganzes Leben der Bildung und Wohlfahrt der tibetischen Flüchtlinge gewidmet hat.

Von ihrer ersten Patenschaft für einen Tibeter im

Jahr 1964 an hat Ama Wäger, wie ich sie liebevoll nenne, unbeirrbar daran gearbeitet, dass sich die Tibeter in ihrer Obhut zu tüchtigen menschlichen Wesen entwickeln. Sie teilt meine Sorge für die tibetischen Kinder und dies drückt sich auch in ihrer Philosophie aus, dass es besser ist, einem einzelnen Kind zu helfen, als unentwegt darüber zu klagen, was in der Welt im Argen liegt.

Neben dem Beschaffen von Geldmitteln stattete sie den verschiedenen tibetischen Gemeinden in Indien regelmäßig Besuche ab, um sich sowohl mit den Empfängern der Patengelder als auch den zuständigen tibetischen Funktionären auszutauschen und uns anzuspornen, aus den verfügbaren Mitteln den bestmöglichen Nutzen zu ziehen. Jedes Mal, wenn sie nach Indien kam, besuchte sie mich, um ihre aufrichtige Meinung über die Entwicklung der tibetischen Exilgemeinschaft mit mir zu teilen. Ihr Bemühen war für mich stets berührend und die Gespräche mit ihr sehr erhellend.

Ama Wäger setzte ihr Engagement für das tibetische Volk durch die Deutsche Tibethilfe bis zu ihrem Ruhestand im Jahr 2009 fort. Ihre Arbeit betraf fast alle tibetischen Siedlungen, Schulen und kulturellen Zentren in Indien. Viele der jungen Tibeter, denen ihr Beistand zugutekam, leisten heute lobenswerte Beiträge für die tibetische Gemeinschaft. Ich hoffe, dass auch Ama Wäger das Gefühl hat, dass diese Tibeter ihren Erwartungen gerecht wurden.

Durch ihre Arbeit mit den Tibetern hat Ama Wäger viel Erfahrung darin gesammelt, wie man einer bedürftigen Gemeinschaft hilft. Ich freue mich daher sehr, dass sie sich die Zeit nahm, ihre Autobiografie zu schreiben. Zweifellos wird dieses Buch viele Leser anspornen, in ihre Fußstapfen zu treten und zu erkennen, dass ein engagiertes Individuum sehr viel zur Verbesserung der Gesellschaft beitragen kann.

Einleitung

Bevor ich Irmtraut Wäger zum ersten Mal persönlich begegnete, dachte ich: Das muss entweder eine Heilige oder eine dieser autoritären Macher-Persönlichkeiten sein, die man oft an der Spitze von Vereinen findet. Als ich dann aber ein Jahrestreffen der Deutschen Tibethilfe besuchte, bei dem Irmtraut einen Vortrag hielt, war ich angenehm überrascht: Da trat eine ganz »normale«, natürliche, bodenständige, bescheidene ältere Dame ohne jegliche Allüren auf das Podium und berichtete ganz ohne Pathos und ohne die eigene Person in den Mittelpunkt zu rücken über die Projekte der Tibethilfe im vergangenen Jahr. Es ging ganz nüchtern um Ziegen, die für Nomaden gekauft worden waren, um reparierte Dächer von Krankenstationen, Betten für Altenheime und Ähnliches. Das war keine »Spendenshow« einer mit allen Marketing-Finessen operierenden Wohltätigkeitsorganisation, sondern ein schlichter Bericht über die ebenso schwierige wie erfolgreiche Arbeit für die tibetischen Flüchtlinge im indischen Exil. Im Anschluss zeigte Irmtraut Dias von ihrer letzten Reise nach Indien, wo sie die Spendengelder persönlich zu den Empfängern brachte (wobei sie die Reisekosten stets aus eigener Tasche bezahlte) und mit Argusaugen überwachte, ob die im Vorjahr ausbezahlten Gelder auch tatsächlich den vorgesehenen Zwecken zugeführt worden waren und ob sich alle Patenkinder auch wirklich noch vor Ort und in guter Betreuung befanden.

Als ich Irmtraut später näher kennenlernte und wir uns anfreundeten, lernte ich eine warmherzige, völlig unprätentiöse Frau kennen, die stets dem Motto ihres Vaters gefolgt war: »Erst kommen die anderen.« Sie hat sicher lange nicht gewusst, dass dieses »Die anderen zuerst« Kern des Bodhicitta ist, jenes Erleuchtungsgeistes, der im Mahayana-Buddhismus die Bodhisattvas veranlasst, Erleuchtung nur anzustreben, um allen anderen Wesen wirksamer helfen zu können.

Dabei war Irmtraut vom Schicksal nicht verwöhnt worden. Sie hatte ihr Leben lang hart gearbeitet, ohne je zu Wohlstand zu kommen, aber sie hatte ihre Kinder und sich selbst in bescheidenen Verhältnissen durchgebracht, ohne einen Pfennig staatliche Hilfe in Anspruch zu nehmen. Denn auch in Sachen Geld kamen »die anderen zuerst«: Im Lauf ihrer Tätigkeit für die Deutsche Tibethilfe flossen 28 Millionen Euro durch ihre Hände an die Tibeter im Exil. Dieser gemeinnützige Verein sorgte für viele Tausende Patenschaften und ist somit die größte Tibet-Hilfsorganisation weltweit. Irmtraut hatte die Tibethilfe in München aufgebaut, als sie »endlich Zeit hatte« – nach Erreichen des Rentenalters nämlich, wenn andere sich gemütlich zur Ruhe setzen. Sie begann ein neues Arbeitsleben, verbunden mit einer Herkules-Aufgabe, die ihr Herzenssache war: Hilfe für die tibetischen Flüchtlinge. Diese Tätigkeit forderte weit mehr an Energie, Arbeitskraft und Enthusiasmus als jeder »normale« Ganztagsjob. Hauptsitz der Tibethilfe wurde Irmtrauts kleine Zweizimmerwohnung in einem bescheidenen

Wohnhochhaus aus den Sechzigerjahren in einem Münchner Arbeiterviertel. Als ich die in Insider-Kreisen legendäre Wohnung, oder besser das Wohnbüro, zum ersten Mal betrat, schüttelte ich nur ungläubig den Kopf. Auf engstem Raum waren fünf ehrenamtliche Mitarbeiter damit beschäftigt, Karteikarten in Holzkästen zu sortieren, auf einer altmodischen Schreibmaschine Briefe zu tippen und große Mengen an Kuverts zu befüllen. Jede nur irgendwie verfügbare Ablagefläche inklusive Bett, Boden und Bügelbrett war bedeckt mit Papieren, Karten, Aktenordnern, Briefen. In einer Ecke des »Wohnzimmers« erhob sich ein Berg Tibet-Teppiche, die man bei Irmtraut bestellen konnte und deren Verkauf ein ganzes Kloster mit Brot und Einkommen versorgte. Und auf den Schränken warteten Reihen von buddhistischen Statuen darauf, auf Basaren zugunsten der Tibethilfe an den Mann und Spender zu kommen. Dazu an den Wänden die Bücher – Regale voller Kostbarkeiten, die jedem Tibetfreund das Herz höherschlagen lassen, etwa die Originalausgaben von Hedin, Filchner, Tichy und anderen Reisepionieren im Himalaya und in Zentralasien sowie zahllose herrliche Bildbände und Raritäten. Ich durfte diese erlesene Tibetbibliothek immer wieder bei der Recherchearbeit zu meinen eigenen Büchern nutzen. Irmtraut hat diese Schätze über die Jahre auf Flohmärkten, in Antiquariaten und auf dem Münchner Trödelmarkt »Auer Dult« zusammengesammelt.

Nach jedem langen Arbeitstag musste ihr Bett erst von Ordnern und Karteikarten befreit werden, damit Irmtraut abends ihre Ruhe finden konnte. Als der Dalai Lama 2003 Irmtraut in ihrer Wohnung zum Tee besuchte, war er höchst beeindruckt, dass die millionenschwere Hilfe, die die Tibethilfe für »seine« Exiltibeter leistete, von diesem beengten und überfüllten Wohnbüro ausging.

Irmtraut erzählte hin und wieder auch Geschichten aus ihrem Leben – von ihrer Kindheit auf einem ostpreußischen Rittergut, von den Wirren des Krieges, von abenteuerlichen Botenfahrten für den Raumfahrtpionier Wernher von Braun, von ihrem damals ganz und gar nicht gesellschaftskonformem Wunsch, Kinder zu haben, ohne zu heiraten, von ihrem frühen Interesse an Tibet, von ihrem bescheidenen Leben erst als Akkordarbeiterin, dann als Bürokraft bei Siemens in München, von herben Schicksalsschlägen und natürlich von ihren Reisen zu den Tibetern in Indien und den Begegnungen mit großen Meistern des tibetischen Buddhismus. In diesen Erzählungen entfaltete sich nicht nur ein ungewöhnliches Zeitzeugnis, sondern ein Lebensweg, der exemplarisch ist, vor allem was die innere Einstellung anbelangt, von der Irmtraut in all den Jahrzehnten getragen war: »Die anderen zuerst«, verbunden mit dem Urvertrauen, dass es immer, selbst in der schwierigsten Lage, irgendwie weitergeht, dass man aus eigener Kraft jede Lebenssituation meistern kann.

Die Idee reifte, diesen Erfahrungsreichtum in einem Buch zu sammeln. Doch erst zu Irmtrauts 90. Geburtstag, nachdem sie den arbeitsintensiven Vorsitz der Deutschen Tibethilfe abgegeben hatte, schien die Zeit gekommen für ein solches Projekt, zumal durch Vermittlung einer gemeinsamen Freundin auch der nymphenburger Verlag Interesse signalisierte. Irmtraut kommentierte in ihrer gewohnt lakonischen Art: »Wenn die Dinge reif sind, geschehen sie von selbst.«

Im Winter 2009/10 begannen wir mit dem Sammeln

des Stoffes. Wir trafen uns ein- bis zweimal wöchentlich in Irmtrauts mittlerweile etwas leerer gewordenen Räumen, die allmählich wieder einer Wohnung zu ähneln begannen, und sie erzählte – einem »roten Zeitfaden« folgend, den wir gemeinsam erstellt hatten, und geleitet von unterstützenden Fragen. Ich war verblüfft über ihr phänomenales Gedächtnis. Die Erinnerungen, auch an zeitlich ferne Dinge, sprudelten nur so aus ihr heraus. Sie sprach mit größter Sicherheit und Klarheit über Details aus ihrer Kindheit und Jugend und all die anderen Begebenheiten in ihrem Leben, nannte Namen und Jahreszahlen, oft ohne einen Augenblick überlegen zu müssen, blätterte jedoch auch in Tagebüchern, Briefen und Aufzeichnungen. Aus diesen umfangreichen auf Band aufgezeichneten Gesprächen und Erzählungen ist das vorliegende Buch entstanden. Auch die zahlreichen Berichte, die Irmtraut im Laufe der Jahre für den Rundbrief der Tibethilfe verfasst hatte und die zumeist ihre Reisen nach Indien und die Projekte der Tibethilfe betreffen, standen lückenlos zur Verfügung. Irmtrauts Erzählweise wurde für dieses Buch bestmöglich beibehalten, die Fülle von Informationen jedoch in lesbare Form und logischen Fluss gebracht sowie mit historischen Hintergrundfakten und Begriffserläuterungen angereichert.

Beim Zuhören und Schreiben wurde mir klar, dass das Leben von Irmtraut Wäger nicht nur ein spannender Einblick in Zeitenläufte ist, die sich vor allem jüngere Menschen heute kaum mehr vorstellen können, sondern auch eine Inspiration für Lebensmut und mehr Gelassenheit bei so manchem Problem, das schwierig oder gar unlösbar scheint. Möge in diesem Sinne dieses Buch nicht nur eine »große alte Dame« Tibets ehren, die von den Tibetern, allen voran dem Dalai Lama, als Amala – verehrte Mutter – angesprochen wird und manch einem als verkörperter Bodhisattva gilt, sondern möge dieses Buch in unserer Zeit, die von Eigennutz, Gier und Konkurrenzkampf geprägt ist, an einem gelebten Beispiel zeigen, dass vielmehr Qualitäten wie tätiges Mitgefühl, entschlossener Mut und das Motto »Die anderen zuerst« ein wahrlich erfülltes, sinnvolles und glückliches Leben ausmachen.

Franz Binder

Kapitel 1

»Land der dunklen Wälder ...«

Kindheit und
Jugend in Ostpreußen

Der weite Horizont der Kindheit

Ich bin in einem wunderschönen, aber schwermütigen Land geboren – Ostpreußen: endlos weite Ebenen, dunkle Wälder und, ein Stück weit entfernt von meinem Heimatort, spiegelblanke Seen. Eingestreut zwischen die riesigen Getreidefelder und Wälder lagen Dörfer und kleine Städte, vor allem aber Gutshöfe. Auf einem solchen, dem Rittergut Heinrichshöfen nahe Rastenburg, bin ich zur Welt gekommen. Ich war das vierte Kind meiner Eltern, das Nesthäkchen. Mein Vater Erich Wäger stammte aus der Mark Brandenburg, aus einer Bauernfamilie, die seit dem 16. Jahrhundert dort ihre Äcker bestellte. Auch er war für diesen Beruf bestimmt und hatte in Halle Landwirtschaft studiert. Sein Praktikum aber absolvierte er in Ostpreußen und er verliebte sich so sehr in dieses Land, dass er sich sein Erbe auszahlen ließ und im Jahr 1900 eben dieses Rittergut Heinrichshöfen erwarb, um dort zu leben und eine Familie zu gründen. Meine Mutter Adele, geborene Sucker, stammte aus Ostpreußen, von einem Hof im Kreis Gerdauen. Meine Schwestern Erika und Marga wurden 1902 und 1903 geboren, mein Bruder Siegfried 1915, ich selbst kam als Nachzüglerin, erst 1919, am 29. August, um genau zu sein. Es war ein bewegtes Jahr, in das ich hineingeboren wurde. Der Erste Weltkrieg war kurze Zeit zuvor zu Ende gegangen, in

Berlin war es zum Spartakus-Aufstand gekommen, in München zur Räterepublik und ihrem blutigen Untergang, Deutschland unterzeichnete den Versailler Vertrag und die Weimarer Republik nahm ihren Anfang.

Tochter eines Rittergutsbesitzers im alten Ostpreußen zu sein klingt romantischer, als es in Wirklichkeit war. Das Leben der Menschen war nicht leicht, war geprägt von harter Arbeit und Sparsamkeit. Auf unserem Gut Heinrichshöfen mit seinen tausend Morgen Land lebten und arbeiteten zehn Familien, darunter ein Schmied und ein Stellmacher, der die Holzarbeiten erledigte und beispielsweise die Räder für die Wagen fertigte. Diese Familien verdienten nur sehr wenig Geld und wurden für ihre Arbeit vor allem in Naturalien bezahlt. Mein Vater war ein guter und gerechter Gutsherr. Wenn eine der Familien im Winter keine Kartoffeln oder kein Holz mehr hatte und bei meinem Vater, dem »gnädigen Herrn«, deswegen vorstellig wurde, hat er die Sachlage überprüft und sich stets großzügig gezeigt. Uns Kindern war er ein Vater, der gütig und streng zugleich sein konnte. Nur wenn wir etwas anstellten, was wirklich sehr gefährlich war, haben wir von ihm verdienterweise mächtig Prügel bezogen.

Das Landleben zu jener Zeit ist nicht zu vergleichen mit der hochtechnisierten Agrarwirtschaft unserer Gegenwart. Alle Arbeiten wurden von Hand oder mithilfe von Pferden ausgeführt. Wir hatten fünf Knechte, von denen jeder vier Pferde zu betreuen hatte. Der Boden unserer Äcker war sehr schwer, sodass teilweise vierspännig gepflügt werden musste. Zur Erntezeit nahm mein Vater polnische Schnitter in Dienst, etwa fünfzehn bis zwanzig Ehepaare. Die Männer mähten das Korn mit der Sense, die Frauen banden die Garben und stellten sie auf. Mähdrescher und ähnliche technische Hilfen gab es nicht. Auf Pferdewagen wurde die Ernte in die Scheune gefahren. Dabei durften auch wir Kinder mithelfen. Nach dem Einbringen der Ernte sind wir mit einem Pferd »Hungerharke« gefahren, das heißt, wir harkten die auf dem Feld übrig gebliebenen Halme zusammen und sammelten sie ein.

Die Landschaft rings um unser Gut war sehr flach. Man konnte endlos in die Ferne blicken über die wogenden Getreidefelder und die Weidegärten, in denen sich das Jungvieh und die Kühe tummelten. Ostpreußen galt damals als Kornkammer Deutschlands. Heute ist vor allem der russische Teil des alten Ostpreußen völlig versteppt und unfruchtbar. In meiner Kindheit gediehen dort Roggen, Weizen, Gerste, Hafer, Kartoffeln und Zuckerrüben in Fülle. Die Ernten, die unsere schwere Erde hervorbrachte, waren sehr üppig.

Die Sommer waren heiß mit vielen heftigen Gewittern, die Winter mit ihren eisigen Winden bitterkalt und schneereich. Die Gewitter bei uns dauerten oft stundenlang. Nicht selten blitzte und donnerte es die ganze Nacht hindurch. Auch bei uns auf dem Gut schlug häufig der Blitz ein. Die Blitzableiter wurden nach jedem Gewitter sorgfältig kontrolliert und instand gesetzt. Einmal riss eine Windhose sogar unser großes Scheunendach mit sich und trug es über die Chaussee hinweg auf das Nachbargut. Dort fanden wir es am anderen Tag völlig zertrümmert.

Jeder, der auf dem Gut lebte, hatte seine festen Aufgaben, für die er verantwortlich war, auch wir Kinder. Wenn beispielsweise ein Schaf drei Lämmer hatte, so konnte es selbst nur zwei ernähren, für das dritte waren wir Kinder zuständig. Wir mussten es mit Milch aus der

Flasche großziehen und dabei einen festen Zeitplan pünktlich einhalten. Auf diese Weise wurden wir schon früh und auf ganz praktische Art und Weise mit Pflicht und Verantwortung vertraut gemacht.

Tiere gehörten zu unserem Leben. Uns Kindern stand ein Esel zur Verfügung und wir hatten stets auch Kaninchen und Meerschweinchen. Zahllos aber waren die Nutztiere, die es auf unserem Hof gab. Zum Gut gehörte eine kleine Trakehnerzucht. Trakehner sind edle Warmblut-Pferde, die sich für alle Arten des Reitsports bestens eignen. Außerdem standen etwa achtzig Milchkühe in den Ställen und auf der Weide. Dazu gab es einen großen Pferdestall für die Acker- und Kutschpferde, einen Schweinekoben und einen Stall für die Schafe. Beim Federvieh tummelten sich Hühner, Puten, Gänse, Enten und Perlhühner, im großen Teich schwammen Karpfen und Schleien.

Auch ein riesiger Gemüsegarten und viele Obstbäume gehörten zum Gut. Wir lebten weitgehend autark, waren Selbstversorger. Es war für alles gesorgt: Wir hatten Getreide, aus dem wir unser eigenes Brot buken, wir hatten Eier, Milch, Fleisch und Fisch, Obst und Gemüse. Überschüsse verkauften wir, zum Beispiel wenn im Spätherbst der obere Fischteich abgelassen wurde und die Fische herausgenommen wurden. Was wir von diesem Fang nicht für den Eigenbedarf behielten, wurde an den Hausfrauenverein verkauft. Auch unser Spargel warf einen guten Ertrag ab – mein Vater hatte ihn in unserer Gegend eingeführt. Er ließ auf einem Feld des Gutes die Erde mit Sand vermischen und Spargelbeete anlegen, wie er es aus seiner Heimat kannte. Später haben es ihm andere Bauern nachgemacht.

Auch das Brennholz für die Küche und die winterliche Heizung stammte aus unserem eigenen Wald. Unsere Familie lebte in dem Gutshaus mit vielen Zimmern, zusammen mit der Wirtschafterin, die in Ostpreußen Mamsellchen genannt wurde, und einer Schar von Stuben- und Küchenmädchen. Zu besonderen Aufgaben, etwa zum Wäschewaschen, kamen zudem Helferinnen aus dem Dorf. Überhaupt wurde dem Gemeinschaftsleben großer Wert beigemessen. Ich erinnere mich gut an unsere Weihnachtsfeste, bei denen die Bescherung für die Kinder aller Familien, die auf dem Gut lebten, stattfand. Da meine Mutter schon sehr früh gestorben war, waren wir Kinder für die Vorbereitung mit verantwortlich. Wir erstellten eine Liste aller Kinder – es waren stets weit über dreißig – mit ihrem Namen und Alter und halfen mit, die bunten Geschenkteller mit selbst gebackenen Lebkuchen und Plätzchen, Äpfeln, Walnüssen und Haselnüssen und einigen dazugekauften Süßigkeiten zurechtzumachen. Meine Stiefmutter kaufte zusätzlich noch andere Dinge ein, doch die meisten Geschenke wurden selbst gefertigt, etwa Mützen, Schals und Handschuhe. Die Knaben bekamen immer lange, angeraute – und deshalb besonders warme – Unterhosen als Geschenk.

Die langen Winterabende vor unserem heutigen Fernsehzeitalter verbrachten die Frauen stets mit Handarbeit. Es wurde auch viel gelesen und man ging früh zu Bett, denn schließlich stieg man sommers wie winters sehr früh aus den Federn, da die Tiere versorgt werden mussten. Wir Kinder waren die meiste Zeit im Freien. Im Winter gingen wir Schlittenfahren zu einem Hügel in der Nähe oder zum Schlittschuhlaufen auf unsere zugefrorenen Fischteiche. Aber wir hielten uns auch gerne in den

Pferdeställen auf, weil es dort schön warm war. Hin und wieder begleiteten wir die Eltern auf Einkaufsfahrten in die Stadt. Wenn es im Winter bei der Rückfahrt schon dunkel war, krochen wir unter die Pelzdecken im Wagen oder Schlitten und haben es uns bei klirrendem Frost zwischen den Füßen der Eltern bequem und gemütlich gemacht. Auch bei Verwandtenbesuchen waren wir stets dabei. Doch das waren die einzigen Abwechslungen. Ins Kino oder Theater kamen wir Kinder nicht. Im Sommer wurden sonntags manchmal auch Ausflüge unternommen. Ein sehr beliebtes Ziel solcher Spritztouren war das Dorf Görlitz. In meiner Kindheit stand dort noch ein gemütlicher kleiner Gasthof an einem See. Später war die ganze Gegend streng abgeriegelt, da man in der Nähe von Görlitz das Führerhauptquartier, die sogenannte Wolfsschanze, baute.

Obwohl wir nicht katholisch waren und überhaupt die Religion in unserer Familie keine besondere Rolle spielte, besuchten wir öfter den bis heute berühmten Wallfahrtsort »Heilige Linde«. Und jedes Jahr einmal fuhren wir zum Grab meiner Mutter, die auf ihrem Heimatgut Grünhof im Kreis Gerdauen beerdigt war. Mit dem Pferdewagen war das eine sehr lange Fahrt, sodass mein Vater einmal ein Automobil mietete, was damals eine große Seltenheit war. Selbst in der Stadt gab es noch kaum Autos. Für uns Kinder war diese Fahrt ein besonderes Erlebnis. Auch später mit der Schulklasse unternahmen wir Ausflüge, beispielsweise in die Seenlandschaft von Krutinnen in Masuren.

Doch zurück zu den Weihnachtsfesten. Da lernte ich das Motto meines Vaters kennen, das mich mein ganzes Leben lang begleitet hat. Er pflegte zu uns, seinen eigenen Kindern, zu sagen: »Erst kommen die anderen, dann kommt ihr.« Die anderen Kinder wurden stets zuerst beschert und an Ostern durften sie immer vor uns die gefärbten Eier suchen, die im großen Obstgarten versteckt lagen. Alles, was gefunden wurde, wanderte zunächst in einen Gemeinschaftskorb, dann erst wurde gerecht geteilt – jedes Kind bekam sechs farbige Eier und zwei Schokoladenteilchen und alle waren mehr als zufrieden und glücklich damit. Als Kinder des Gutsherrn bekamen wir an Weihnachten auch Extra-Geschenke, vielleicht einen Schlitten oder Schlittschuhe, Bücher oder Spielzeug, aber auch praktische Dinge wie zum Beispiel Kleidung. Trotzdem waren wir immer ein wenig traurig, dass wir bei der Bescherung als Letzte an die Reihe kamen, nach allen anderen Kindern und nach den Angestellten des Gutes. Auf Klagen über Sorgen und Schwierigkeiten pflegte mein Vater mit einem anderen Wahlspruch zu antworten: »Wenn es euch schlecht geht, dann schaut ›unter euch‹. Da geht es anderen noch viel schlechter als euch.« Daraus formte sich meine Einstellung zum Leben und vermutlich hat sich daraus auch mein »sozialer Tick« entwickelt. Aus diesen Wurzeln, die auf dem Gut meiner Kindheit in Ostpreußen stecken, bezog ich mein ganzes Leben bis heute meine Kraft.

Die dunkle Seite des Lebens

Schon sehr früh in meinem Leben kam ich mit dem Tod in Berührung, ohne noch recht zu verstehen, was da wirklich vor sich ging. Ich war gerade anderthalb Jahre alt, als meine Mutter starb. Sie starb aus heutiger Sicht an einer Bagatelle, an einer durch Lippen-Herpes verursachten Blutvergiftung. Sie wurde falsch behandelt und war zuletzt nicht mehr zu retten, weil es zu jener Zeit keine Antibiotika gab. Ihr Tod im Jahre 1920 zog weiteres schweres Unglück nach sich. Meine Schwester Marga war, als dieser Schicksalsschlag die Familie traf, siebzehn Jahre alt. Sie hatte mit Mama ein besonders inniges Verhältnis gehabt. Als Mama starb, zerbrach für Marga eine Welt. Sie war schon verlobt zu dieser Zeit und durch ihren Verlobten erlangte sie Zutritt zu einer spiritistischen Séance, in der angeblich eine Verbindung mit der toten Mama hergestellt wurde. Mamachen soll dabei zu ihrer Tochter gesagt haben: »Kindchen, komm.« Daraufhin fasste Marga den Entschluss zu sterben. Ungefähr vier Wochen später beschaffte sie sich bei einem Besuch auf dem Gut von Verwandten Arsen, das in allen Gutshöfen zum Gebrauch für das Vieh vorrätig war, nahm jedoch zu viel davon, um sofort zu sterben. Sie musste sich übergeben und blieb daher noch sieben qualvolle Tage am Leben. Später erzählte mir unser Hausmädchen, dass man mich in dieser Zeit ans Bett meiner Schwester setzte und Marga bis zu ihrem letzten Atemzug sagte, wie sehr sie sich freue, jetzt zu Mamachen zu kommen. Als Marga starb, war ich noch zu jung, um wirklich zu begreifen, was Sterben und Tod bedeuten. Aber ich sagte, als man mir später die Geschichte vom Selbstmord meiner Schwester erzählte, mit großer Überzeugung: »So etwas werde ich nie tun.« Zugleich war es für mich eine innere Warnung, mich von esoterischen Zirkeln fernzuhalten. Dabei wäre ich sicher ein gutes Medium gewesen, hatte ich doch seit meiner Kindheit eine natürliche Öffnung zu einer inneren Stimme und auch zu inneren

Bildern, die mir oft genug Ereignisse der Zukunft zeigten, die dann auch eintrafen. Einmal hatte ich sogar einen Todesfall vorausgeahnt, von einem Menschen, den ich kaum kannte. Als ich sechs oder sieben Jahre alt war, erzählte ich meinem Vater davon, doch ich bekam nur zu hören, ich solle doch nicht solchen Unsinn reden. Seither habe ich zwar niemandem mehr davon erzählt, meiner inneren Stimme jedoch stets vertraut. Immer wieder hatte ich solche Einblicke in die Zukunft, ein oder zwei Jahre im Voraus; ich konnte sehen, was mit anderen Menschen geschehen würde, doch ich behielt es für mich, weil ich mit niemandem darüber zu sprechen wagte. Später verstärkte sich diese Gabe sogar noch, vor allem in verschiedenen schwierigen Situationen in meinem eigenen Leben. Obwohl ich manchmal selbst gezweifelt habe, ob ich noch ganz normal bin, habe ich dieser Stimme vertraut und bin stets gut damit gefahren. Heute, in meinem Alter, hat diese Gabe nachgelassen, vielleicht, weil ich sie auch nicht mehr wirklich benötige. Aber durch sie wurde ein Urvertrauen in mir begründet, ein Wissen, dass es auch nach schwierigsten Situationen immer weitergehen wird, dass es immer einen Weg gibt, auch wenn eine Lebenslage aussichtslos scheint.

Wir hatten auf dem Gut einen eigenen Friedhof, gleich hinter unserem Garten. Die sterblichen Überreste meiner Mama waren jedoch auf den Gutsfriedhof ihres Elternhauses im Kreis Gerdauen überführt worden. Aber meine Schwester Marga war auf unserem Friedhof beerdigt. Ich schlich mich immer wieder dorthin, etwas Brot in der Tasche, machte ein Loch in die Erde des Grabhügels und steckte das Brot für Marga hinein. Dann hockte ich mich so hin, dass mich vom Haus niemand sehen konnte, und erzählte meiner toten Schwester alles, was mein Herz bedrückte. Obwohl ich meine Schwester Marga nicht wirklich gekannt hatte, habe ich sie sehr geliebt, im Gegensatz zu meiner anderen Schwester Erika, zu der ich zeitlebens nie ein gutes Verhältnis hatte – Erika hat auch Selbstmord begangen, allerdings erst im Alter von siebzig Jahren. Marga war ein sehr liebes, weichherziges Mädchen gewesen. Mein Vater erzählte mir einmal, dass Marga sehr gut mit Pferden umgehen konnte. Wenn Soldaten auf das Gut kamen, um Pferde aus unserer Trakehnerzucht zu kaufen, versuchten sie oft vergeblich, die Tiere von der Weide zu holen. Also schickte mein Vater Marga hinaus, die die Pferde nur zu rufen brauchte, damit sie zahm wie Lämmer herantrabten.

Pferde waren meine Lieblingstiere. Diese Liebe zu Pferden war später ein wichtiger Auslöser für mein Interesse an Asien: Ich wollte unbedingt die Pferdeherden der Mongolei sehen, von denen ich gelesen hatte. Doch so oft ich später in Indien und im Himalaya unterwegs war – mein Traum von der Mongolei hat sich leider nie erfüllt. Dennoch habe ich mich in Indien, vor allem in Ladakh mitten im Himalaya, auf Anhieb wohlgefühlt, weil mich die Lebensweise der Bauern dort an meine ostpreußische Heimat erinnerte. Auch dort saßen die Kinder schon mit zwei Jahren im Sattel und auch dort wurden die Felder noch ganz ohne moderne Technik bestellt. Pflügen, Säen und Ernten, alles geschah nur mithilfe von Tieren und in Handarbeit, wie in meiner Kindheit auf unserem Gut.

Wir hatten ungefähr sechzig Pferde. Ich konnte sehr gut reiten, obwohl ich es nie richtig gelernt hatte. Wenn ich Kummer hatte, bin ich zu meinen Pferden gegangen und habe ihnen davon erzählt, und wenn sie mich stupsten, wusste ich, dass sie mich verstanden hatten; das war für mich immer ein großer Trost. Der Tod eines Pferdes war auch der Anlass, bei dem mir zum ersten Mal bewusst wurde, was Tod und Sterben wirklich bedeuten. Beim Tod meiner Mutter und meiner Schwester war ich noch zu jung gewesen, aber als »Libelle« starb, das schönste Pferd, das wir hatten, war ich schon vier oder fünf Jahre alt. Wir standen um das tote Tier, das an einer Kolik eingegangen war, und weinten, mein Vater, meine Stiefmutter, der Kutscher und alle, die »Libelle« gekannt hatten. Ich konnte einfach nicht fassen, dass »Libelle« nie wieder aufstehen würde.

Nach dem Tod meiner Mutter hatte mein Vater bald wieder geheiratet. Meine Stiefmutter Anna stammte aus einer Hamburger Familie, die in Ostpreußen ein Gut besaß, und sie hatte gerade ihre eigene Mutter bis zu deren Tod gepflegt. Sie hat sich liebevoll um uns Kinder gekümmert und auch wir kamen prächtig mit ihr aus. 1923 kam mein Stiefbruder Erich Wilhelm zur Welt, den ich auch sehr geliebt habe. Doch es war ihm nur ein kurzes Leben vergönnt. Nach dem Notabitur zog er mit jugendlicher Begeisterung in den Zweiten Weltkrieg und fiel im Januar 1945.

Trotz aller Schicksalsschläge, die unsere Familie trafen, hatte ich eine glückliche Kindheit. Meine Geschwister und ich lebten in enger Verbundenheit mit den Tieren und mit der Natur. Wir konnten alle gut reiten und meine Brüder haben mich zu all ihren Touren mitgenommen. Ich musste mich als Mädchen allerdings beweisen, das heißt, ich musste besser reiten, klettern und rennen können als sie, was mir wohl auch gelang, denn wir haben uns stets gemeinsam ausgetobt, sofern unser Kindermädchen und später die Hauslehrerin das nicht unterbunden haben.

Besonders schön war es, wenn uns der Vater mit auf die Jagd nahm. Wir mussten ihm in völligem Schweigen folgen und er hat uns die Natur und die Tiere gezeigt und erklärt. Er war kein großer Jäger, sondern ein Naturfreund, der in uns das Interesse für all die Vögel und das Wild erweckte, das wir auf unseren Streifzügen beobachteten. Da gab es beispielsweise einen kleinen Fluss, an dem wir ein paar Wiesen besaßen. Dort tummelten sich zahllose Vögel – Kiebitze, Pirole, Bekassinen, Schnepfen, Wiedehopfe, Wildenten und vieles mehr. Bis heute gibt es in Ostpreußen eine reichhaltige Fauna, darunter Elche und Wölfe. Das alles hat mich als Kind sehr fasziniert und später haben wir uns von der Vogelwarte Rossitten – der ältesten Vogelwarte der Welt auf der Kurischen Nehrung – Ringe schicken lassen und haben begonnen, Vögel zu beringen, auch Störche. Wir Kinder machten allerdings auch Jagd auf die Vögel. Schon mit sieben oder acht Jahren konnte ich mit dem Gewehr umgehen und wurde eine gute Schützin, sonst hätte ich mich bei den Jungs nicht mehr blicken lassen können. Stets waren auch die Kinder der anderen Familien, die auf dem Gut lebten, auf unseren Streifzügen dabei.

Als ich sechs Jahre alt war, kam eine Hauslehrerin auf das Gut, um meinen älteren Bruder Siegfried und mich zu unterrichten. Siegfried besuchte dann das Gymnasium in Rastenburg, das ungefähr sieben bis acht Kilometer von unserem Gut entfernt lag. Zwei Jahre bekam ich Privatunterricht, dann musste auch ich nach Rastenburg zur Volksschule. Rastenburg war eine Kleinstadt mit damals knapp vierzehntausend Einwohnern. Auf einem Hügel erhoben sich ein Schloss und die St.-Georgs-Kirche über die roten Ziegeldächer des Städtchens. Für die Bevölkerung der Gegend, die vorwiegend auf Gütern im Umland lebte, war Rastenburg das Zentrum für alle Einkäufe und die Schulbildung ihrer Kinder. Neben Volksschulen gab es das Hindenburg Ober-Lyzeum, das ich später besuchte, und das Herzog-Albrecht-Gymnasium, wo mein Bruder eingeschrieben war. Jeden Morgen fuhren wir mit dem Ponywagen in die Stadt. Mein Bruder war der Kutscher. In Rastenburg mussten wir als Erstes die Pferde ausspannen. Damals gab es in jedem Gasthof einen sogenannten Ausspann. An einen davon wurde von unserem Gut Heu für unser Pony geliefert. Wir banden das Pony an seine Krippe und gingen in die Schule. Nach der Schule wurde wieder eingespannt und wir fuhren nach Hause. Wir waren nicht die einzigen Schüler, die mit dem Wagen in die Stadt kamen. Die Kinder von vielen anderen Gütern waren ebenfalls »Fahrschüler«, die mit Ponys unterwegs waren, und natürlich kam es hin und wieder auch zu eigentlich verbotenen Wagenrennen. Einer hatte ein etwas größeres Pferdchen, ein Mittelding zwischen Pony und Pferd, und der überholte dann alle. Im Sommer fuhren wir im Wagen, im Winter im Schlitten. Unsere Winter waren kalt und schneereich und dauerten oft von November bis März. Es wehte meist ein eisiger Ostwind, was die »gefühlte Kälte« deutlich steigerte. Aus diesem Grund gab es bei uns nur selten die romantisch tief verschneiten Bäume, wie man sie etwa aus Bayern oder den deutschen Mittelgebirgen kennt, weil der scharfe Wind den Neuschnee sofort von allen Ästen und Zweigen wehte. Ebenso wenig gab es damals all die schönen wärmenden Sachen, die man heute kennt. Daher hatten wir im Winter stets angefrorene Finger und Zehen. Aber die Kälte hatte auch ihr Gutes, denn wenn es *zu* kalt war, mussten wir nicht zur Schule fahren. Der erste Gang am Morgen im Winter galt daher dem Thermometer. Wenn es tiefer stand als zwanzig Grad unter Null, bedeutete das für uns schulfrei. Das kam recht oft vor, denn im Winter sank das Thermometer nicht selten bis auf dreißig Grad minus.

Die Lehrer in der Volksschule waren sehr streng. Schmerzhafte Hiebe mit dem Rohrstock auf die Finger waren an der Tagesordnung. In der Volksschulzeit lernte ich eine Freundin kennen, der ich bis heute verbunden bin: Ulla von Braun, eine Cousine des Raketen- und Weltraumpioniers Wernher von Braun. Wir haben uns bei einer großen Hubertusjagd kennengelernt – das waren die sehr beliebten Jagden zu Pferde, die im Herbst bei uns stattfanden und bei denen die Teilnehmer elegante rote Jacken und schwarze Mützen trugen. Ulla blieb auch auf dem Lyzeum, auf das wir nach zwei Volksschuljahren wechselten, meine Freundin. In der Schule, in der die Klassen, wie damals üblich, nach Geschlechtern getrennt waren, hatte ich noch mehrere gute Freundinnen, doch Ulla ist die Einzige, die heute noch lebt.

Der Verlust des Vertrauten

Als ich zehn Jahre alt war, traf unsere Familie erneut ein schwerer Schicksalsschlag: Mein Bruder Siegfried, zu der Zeit vierzehn Jahre alt, hatte einen tödlichen Unfall mit einem Jagdgewehr. Es war für uns Kinder völlig selbstverständlich, mit Gewehren zu hantieren und auf die Jagd zu gehen. Mir ist ein Foto von ihm geblieben, das am Tag seines Unfalls aufgenommen wurde. Jedes Jahr kam nämlich ein Fotograf über die Güter und machte Bilder von den Familien. Mein Bruder war schon früh am Morgen aufgestanden, was eigentlich nicht seine Gewohnheit war, aber er wollte auf die Jagd gehen. Meine Stiefmutter versuchte noch, ihn zu bewegen, die alte Jagdjacke, die er trug, für das Foto abzulegen, doch er weigerte sich und sagte, er wolle auf dem Foto als »Jäger« zu sehen sein. Nach der Sitzung mit dem Fotografen verabschiedete er sich kurz: »Ich geh jetzt auf die Jagd« und verschwand. Etwa zwei Stunden später, es war noch vor Mittag, kam der »Schweizer Junge« atemlos gelaufen und brachte die Meldung: »Der Siegfried hat sich geschossen!« Schweizer wurde der Arbeiter genannt, der auf unserem Gut für die Kühe zuständig war, und sein Sohn, der »Schweizer Junge«, ging oft mit Siegfried auf die Jagd. Sofort wurde ein Pferd angespannt. Wenig später wurde Siegfrieds Leiche zum Gutshaus gebracht. Der »Schweizer Junge« berichtete, Siegfried habe mit dem Gewehrkolben gegen einen Baum geschlagen, um einen Vogel aufzuscheuchen, und dabei habe sich ein Schuss gelöst. Er traf direkt ins Herz. Der Arzt sagte später, nur ein paar Millimeter weiter und die Kugel hätte das Herz verfehlt und wäre in die Lunge gegangen. Dann wäre es ein nicht tödlicher Durchschuss gewesen. Aber es half alles nichts mehr. Siegfried war tot.

Der Tod des designierten Erben des Gutes warf meinen Vater vollends aus der Bahn. Zuerst der Tod seiner geliebten Frau, dann der Selbstmord seiner Tochter Marga und nun das Unglück mit Siegfried, das war einfach zu viel für ihn. Mit meinem Vater ging es in der Folge sichtlich bergab. Hinzu kam, dass für die Güter in Ostpreußen schwere Zeiten anbrachen, denn die Weltwirtschaftskrise traf auch die Landwirte hart. Viele Bauern und Gutsbesitzer waren gezwungen, aufzugeben, oder verloren ihren Besitz.

Mein Vater beschloss, sein Gut, das ihm nun zu groß erschien, zu verkaufen und auf ein kleineres umzusiedeln. Es gab auch einen ernsthaften Interessenten für unser Gut – eine Siedlungsgemeinschaft, die die Gutsgebäude in Wohnraum für ihre neuen Siedler umwandeln wollte. Meinem Vater wurde eine Summe geboten, die ihm angemessen erschien. Der Verkauf wurde per Handschlag vereinbart, allerdings musste mein Vater versprechen, bis zum notariellen Abschluss des Geschäftes nichts mehr zu verkaufen, was zum Gut gehörte, also keine beweglichen Sachen, kein Vieh und so weiter. Mein Vater gab sein Ehrenwort. Es sollte nur noch ein Gutachter kommen, um den Boden zu prüfen, bevor der Verkauf notariell besiegelt werden und das Geld fließen würde. Doch dieser Gutachter kam und kam nicht. Indes geriet mein Vater in finanzielle Schieflage. Ein Studienfreund meines Vaters aus Halle hatte sich in unserer Nähe ein Gut gekauft und mein Vater hatte für ihn einen Wechsel als Bürgschaft unterschrieben. Der Wechsel platzte und mein Vater musste aus eigenen Mitteln einspringen, was ihn an den Rand seiner Möglichkeiten brachte. Zwar ging es zuletzt nur mehr um sechshundert Mark für die aufgelaufenen Zinsen, die an die Bank zu zahlen waren, aber dieses Geld konnte mein Vater nicht mehr beschaffen. Er hatte sein Ehrenwort gegeben, nichts vom Gut zu verkaufen, und von befreundeten

Landwirten in der Gegend konnte er sich nichts leihen, da diese wegen der Wirtschaftskrise selbst in der finanziellen Klemme steckten. Und der Bodengutachter, von dem der Verkauf unseres Gutes abhing – eigentlich eine reine Formsache –, kam immer noch nicht. Stattdessen erschien eines Tages ein Herr, den die Bank als Zwangsverwalter schickte. Er verkündete meinem Vater: »Ich bleibe für ein Jahr hier. Sie haben ab sofort hier nichts mehr zu sagen.« Dieser Herr war in keiner Weise an einem vernünftigen landwirtschaftlichen Betrieb interessiert, sondern wirtschaftete das Gut vollständig herunter. Nach einem Jahr kam es zur Zwangsversteigerung, die eigentlich eine Farce war, weil der Käufer schon vor der Versteigerung feststand: Die Siedlungsgemeinschaft erwarb das Gut nun zu einem deutlich geringeren Preis, als ursprünglich mit meinem Vater vereinbart. Ein junger Landwirt, der Jahre später die Angelegenheit untersuchte, fand heraus, dass alles ein abgekartetes Spiel, vorsätzlicher Betrug gewesen war.

Von diesem Augenblick an veränderte sich mein Leben und das Leben meiner Familie von Grund auf. Wir mussten bettelarm unseren Gutshof verlassen. Rückblickend kann ich sagen, dass dies das schlimmste Schockerlebnis war, das ich in meinem Leben durchzumachen hatte: Ich musste mein geliebtes Heinrichshöfen verlassen, die Tiere, das Land, das Haus. Auch die anderen Familien, die auf dem Gut wohnten, mussten wegziehen. Die neuen Besitzer teilten das Gut in zehn Parzellen, bauten die Stallungen zu Wohnungen um und ließen ihre Siedler einziehen. Vor gar nicht langer Zeit bekam ich einen Brief von einer Frau, die nach unserem Weggang in einer dieser Wohnungen aufgewachsen ist. Ihr Vater hatte eine der Parzellen für seine Familie gekauft und die Dame berichtete mir von ihren Kindheitserinnerungen, die in vielem genau den meinen entsprachen.

Wir aber mussten uns, völlig mittellos, wie wir nun waren, um eine neue Unterkunft bemühen. Mein Vater erhielt einhundert Reichsmark Kleinrentner-Rente und meine Stiefmutter bekam von ihren Eltern einen Vorschuss auf ihr Erbe von weiteren einhundert Reichsmark monatlich. Für die ganze Familie standen pro Monat also insgesamt zweihundert Reichsmark zur Verfügung. Doch allein mein Schulgeld für das Lyzeum betrug fünfundzwanzig Mark und so war klar, dass meine Schulzeit beendet war. Ich brach das Lyzeum ohne Abschluss ab, musste allerdings noch auf meine Konfirmation warten, bis ich das Elternhaus verlassen und selbst Geld verdienen konnte. Rechnet man die zwei Jahre Unterricht bei meiner Hauslehrerin mit, hatte ich insgesamt siebeneinhalb Schuljahre hinter mich gebracht. Ins Lyzeum ging ich ohnehin nicht mehr gerne, denn dort blickten viele Mitschülerinnen verächtlich auf mich herab, seit meine Familie verarmt war. Meinem Vater sagte ich: »Ich muss das alles gar nicht lernen, ich werde doch ohnehin Knecht oder Gestüter. Ich werde in meinem Leben nur mit Pferden arbeiten.« Dieser Traum hat sich leider nicht erfüllt.

Es war der Vater einer Schulfreundin, dem wir unsere neue Bleibe verdankten. Er bot uns das leer stehende Gutshaus auf seinem Vorwerk als Unterkunft an. Die großen Güter in Ostpreußen verfügten auf ihren ausgedehnten Ländereien oft über ein zweites, kleines Gut, das Vorwerk genannt wurde und zu dem stets auch ein eigenes Gutshaus gehörte. In einem solchen Vorwerk nun, in

Georgenberg im Kreis Rastenburg, lebten wir fortan zur Miete. Landwirtschaft haben wir dort nicht mehr betrieben. Mein Vater war ein gebrochener Mensch, er hat überhaupt nicht mehr gearbeitet. Lediglich in unserem kleinen Garten zogen wir noch Gemüse für den Eigenbedarf. Wir kamen gerade so durch. Geld für Neuanschaffungen war nicht vorhanden. Ich besaß zu dieser Zeit nicht einmal einen Wintermantel. Aus dem alten war ich herausgewachsen, für einen neuen gab es kein Geld. So durchlebte ich die nächsten strengen ostpreußischen Winter nur mit einer dicken, gestrickten Wolljacke.

Diese drastischen Einschnitte in das Leben meiner Familie geschahen 1932. Im Jahr darauf, dem für Deutschland so schicksalhaften 1933, kam es zu großen politischen Umwälzungen.

Auch in Tibet, das für mich in meinem späteren Leben so wichtig werden würde, ergaben sich 1933 große Veränderungen, allerdings ohne dass die Welt davon Notiz nahm. Im Dezember starb der 13. Dalai Lama und hinterließ ein Testament, in dem er seinem Land eine düstere Zukunft prophezeite. Schon brachen Machtkämpfe zwischen verschiedenen Fraktionen in Adel, Regierung und Klöstern aus. Erst nach einer Reihe von Intrigen wurde durch das Los der junge, noch unerfahrene Reting Rinpoche zum Regent während der Abwesenheit des Dalai Lama ernannt. Dem Regenten fiel traditionell auch die Aufgabe zu, dafür zu sorgen, dass die Wiedergeburt des Dalai Lama aufgefunden wurde. Doch bleiben wir zunächst in Deutschland. Reichspräsident Paul von Hindenburg ernannte Adolf Hitler zum Reichskanzler, die Nazis ergriffen die Macht im Deutschen Reich.

Als gerade vierzehnjähriges Mädchen machte ich mir darüber keine Gedanken. Und ich fand auch nichts dabei, als jemand mir sagte, dass die neu eröffnete Kreisleitung der NSDAP in Rastenburg ein »Mädchen für alles« sucht. Die Bezahlung sei gut. Ich bewarb mich, da ich noch auf meine Konfirmation warten musste, um eine richtige Lehrstelle antreten zu können. Ich wollte einfach ein wenig Taschengeld verdienen. Ich bekam die Stelle und erhielt zugleich Einblick hinter die Kulissen des neuen Machtapparates, in die Saufgelage und Ausschweifungen der kleinen Parteichargen. Der Kreisleiter, ein verkrachter Kellner, war mein oberster Chef. Ich musste Hilfstätigkeiten ausführen, Briefe wegbringen, Ablage machen und kleine Büroarbeiten erledigen.

Als ich meinen Dienst antrat, empfing mich der Kreisleiter mit der Frage: »Wie alt bist du?«

»Vierzehn«, antwortete ich.

»Oh, das ist noch zu jung fürs Bett. Da kriege ich Schwierigkeiten mit dem Staatsanwalt«, stellte er enttäuscht fest und setzte hinzu: »Melde dich noch mal bei mir, wenn du sechzehn bist.«

Ich verstand gar nicht, was er meinte, denn »aufgeklärt« waren wir Kinder nicht. Alles, was ich über »solche Dinge« wusste, stammte von Beobachtungen der Tiere auf dem Gut. Von diesem Tag an war ich für meinen Chef ein Neutrum, das keinerlei Beachtung verdiente. Und offenbar auch keine Rücksicht, denn mein Chef trieb es bei offener Türe in seinem Büro mit seiner Sekretärin. Ich war allein im Nebenzimmer und bekam Dinge mit, die nicht gerade für Augen und Ohren eines vierzehnjährigen Mädchens geeignet sind.

Aber offenbar war meine Mitwisserschaft verdächtig.

Denn eines Abends auf dem Heimweg schnitten mir drei Männer den Weg ab, bauten sich vor mir auf und drohten: »Wenn du ein Wort gegen unseren Herrn Kreisleiter sagst, bringen wir dich um.«

In naiver Selbstüberschätzung kaufte ich mir daraufhin ein Fahrtenmesser, hängte es an den Gürtel in meinen Rock hinein und sagte: »Die sollen mir mal kommen, die steche ich alle ab.«

Sprechen konnte ich über diese Vorkommnisse mit niemandem, auch nicht mit meinen Eltern. Also habe ich all das still in mich hineingefressen und mir immer wieder gesagt: So schnell wie möglich die Konfirmation und dann irgendwo aufs Land zum Arbeiten.

Im Großen und Ganzen sah ich die Folgen der Machtergreifung durch Hitler damals positiv. Die Arbeitslosen, die zuvor auf den Straßen herumgelungert waren, und die Kommunisten, die uns immer geärgert hatten, wenn wir mit dem Pony in die Schule gekommen waren, waren allesamt verschwunden. Der Arbeitsdienst half den Bauern bei der Ernte und Frauen mit vielen Kindern bekamen ein Pflichtjahrmädchen als Haushaltshilfe. Wie alle anderen war auch ich bei der Hitlerjugend, beim BDM, dem Bund Deutscher Mädels. Mein Vater sah das nicht gerne. Er war Anhänger der Deutschnationalen Volkspartei gewesen, hatte sich jedoch nie aktiv politisch betätigt. Doch er war sehr unglücklich, dass seine Kinder nun mit dem Hakenkreuz am Revers herumliefen. Mir hat der BDM viel Freude gemacht. Wir konnten Sport treiben, wir konnten gemeinsam singen, wir gingen zum Zelten, konnten uns überall frei bewegen und hatten viel Spaß in dieser Gemeinschaft von jungen Menschen, die noch dazu von Gleichaltrigen geführt wurde.

Die negativen Erfahrungen, die ich im Büro der Kreisleitung machte, das hatte mit uns nichts zu tun, das war die Welt der Erwachsenen.

Leider bekam mein Vater zu dieser Zeit ein Alkoholproblem. In Ostpreußen war dieses Problem weit verbreitet. Viele Leute hatten gegen die extreme Kälte einen Flachmann in der Tasche und sprachen ihm reichlich zu. Mein Vater wollte seinen tiefen Kummer ertränken.

Während meiner ganzen Kindheit hatte ich nie eine Großstadt gesehen, auch nicht Königsberg. Nachdem mein Bruder tödlich verunglückt war, sagte mein Vater zu mir: »Wenigstens ein Familienmitglied soll meine alte Heimat kennenlernen.« Und so wurde ich in einen Zug gesetzt mit einem Schild um den Hals, auf dem stand: »Nach Berlin«. Diese lange Zugfahrt hat mich sehr fasziniert – das lästige Schild hatte ich natürlich sofort wieder abgenommen. Für die Fahrt durch den polnischen Korridor wurden alle Waggons abgeriegelt und überall standen bewaffnete Posten. Ich aber war die ganze Strecke am Fenster und habe auf die vorbeifliegenden Landschaften hinausgesehen. In Berlin wurde ich von einer Tante abgeholt. Ich übernachtete in ihrer Wohnung in Berlin-Hasenheide und auch das war für mich eine völlig neue Erfahrung. War es in Ostpreußen auf dem Gut nachts immer stockfinster, so blieb es in Berlin rund um die Uhr hell und es ratterte immer irgendetwas vorbei, ein Auto oder eine Straßenbahn. Jedenfalls stand ich auch hier die ganze Nacht am Fenster und konnte kaum fassen, was sich in der laternenerleuchteten Dunkelheit so alles auf der Straße abspielte. Nach dieser meiner ersten aufregenden Nacht in der Großstadt ging die Reise weiter zum Gut meines Großvaters bei Schmergow in

Brandenburg, wo mein Vater geboren und aufgewachsen war. Dort blieb ich vier Wochen, und als ich wieder nach Hause kam, habe ich zum großen Vergnügen meines Vaters sogar etwas berlinert.

Sehnsüchtig erwartete ich meine Konfirmation, die es mir ermöglichen würde, mir eine andere Stelle zu suchen oder, wie ich es eigentlich geplant hatte, ein landwirtschaftliches Lehrjahr zu absolvieren. Endlich war es so weit und ich ging auf Vermittlung einer Tante mütterlicherseits auf ein Gut in Weidenhof im Kreis Gerdauen in die Lehre. Ich hatte Unterkunft und Verpflegung frei und erhielt ein Taschengeld von fünf Mark pro Monat. Zunächst ging alles gut, dann stellte man jedoch fest, dass ich eigentlich noch zu jung war und einen Lehrvertrag noch gar nicht hätte abschließen dürfen. Das war erst ab dem 16. Lebensjahr möglich. Also blieb ich ohne Lehrvertrag auf dem Gut und arbeitete nun eben als Hilfskraft mit.

In dieser Zeit, im Jahr 1935, starb mein Vater. Es war keine Überraschung für unsere Familie, denn er war schwer krank gewesen und zudem gebrochen durch all die Schicksalsschläge, die ihn getroffen hatten. Das Leben war einfach zu schwer für ihn geworden. Mir wurde bewusst, dass ich nun als Vollwaise noch mehr auf mich selbst gestellt sein würde.

Im selben Jahr 1935, am 6. Juli, um genau zu sein, wurde im Stall eines Bauernhauses in der osttibetischen Provinz Amdo das neunte Kind der Familie Tsering geboren, jenes Kind mit Namen Lhamo Thöndup, das zwei Jahre später von einem Suchtrupp aus Lhasa nach traditionellem Verfahren geprüft und als die Wiedergeburt des 1933 verstorbenen Dalai Lama erkannt wurde.

Doch von diesen geheimnisvollen Ereignissen im fernen Tibet drang nichts nach Ostpreußen. Für mich gab es andere Dinge zu bedenken. Meine Erbschaft betrug dreihundert Reichsmark. Als mir das Geld ausbezahlt wurde, beschloss ich, mir ein Fahrrad und einen Wintermantel zu kaufen. Ich wandte mich an die Schwester meiner Mutter, die etwa zehn Kilometer entfernt auf ihrem großen Gut lebte. Doch diese reiche Tante, die Mädchen, auch ihre eigene Tochter, nicht sonderlich gern mochte, sondern nur ihre Söhne liebte, war sehr geizig. Sie sagte zu mir: »Du kannst mein Fahrrad kaufen. Ich bin damit nur zum Friedhof gefahren. Gleich am Anfang bin ich einmal beim Aufsteigen gestürzt und habe mir die Hand gebrochen. Seither rühre ich es nicht mehr an. Wenn du mir den Preis bezahlst, den ich dafür bezahlt habe, dann kannst du es haben.« Unerfahren, wie ich war, habe ich den vollen Neupreis – über hundert Mark – an meine Tante bezahlt. Auch den Wintermantel konnte ich von meinem Erbe bei ihr kaufen. In ihrem Gutshaus hatte ich stets das Gefühl von großer Kälte, ich habe immer sehr gefroren. Doch es war nicht die Kälte der Räume, sondern die menschliche Kälte, die dort herrschte. Meinem Vater hat sie übel genommen, dass er nach dem Tod meiner Mutter noch einmal geheiratet hat, und sie hat stets versucht, mir einzureden, dass ich in meiner Familie jetzt nur mehr eine Stieftochter sei, obwohl meine Stiefmutter immer sehr gut zu mir war. Wenn Weihnachten ein Päckchen von dieser Tante kam, lagen darin nur Geschenke für mich und meinen älteren Bruder. Mein jüngerer Halbbruder hingegen wurde von ihr nicht bedacht. Wir Kinder haben diese Geschenke aus Solidarität nicht angerührt, sondern sie an andere Kinder weitergegeben.

Da ich auf dem Gutshof, auf dem ich arbeitete, keine Ausbildung absolvieren konnte, habe ich mich nach einer neuen Stelle umgesehen und in der Zeitung einen Posten als Haustochter im Kreis Tilsit gefunden. Dort, in Warnen bei Breitenstein, bekam ich neben Kost und Logis zwölf Mark im Monat. Auch die Familie, bei der ich nun lebte, hatte einen Gutshof und so ging das gewohnte Leben in meiner neuen Anstellung weiter. Frühmorgens musste ich die Milch in Empfang nehmen und die Hühner fühlen, ob sie ein Ei legen. Letzteres machte man, indem man mit einem Finger im Hinterteil des Huhns fühlte, ob ein Ei ansteht. Bei positivem Befund wurden die Hühner im Stall behalten, damit sie ihr Ei legen konnten, die anderen durften ins Freie. Danach, gegen sechs Uhr morgens, wurde gefrühstückt und nun begann das eigentliche Tagwerk. Ich arbeitete im Haus und im Garten. Oder in der Mühle, in der das Korn gemahlen wurde. Am schlimmsten war für mich das Brotbacken. In einem Riesentrog musste der schwere Teig geknetet werden. Das war traditionell Mädchenarbeit. Wir waren drei Mädchen auf dem Hof, die zwei Töchter der Familie und ich, und wir teilten uns diese von allen ungeliebte Arbeit wochenweise auf. Sie war so schwer, dass immer viele Tränen in den Brotteig gefallen sind. Manchmal dachte ich, er müsse doch eigentlich versalzen sein. Nach dem Kneten wurde der Backofen angeheizt und das Brot eingeschoben. Als Letztes wurde stets Weißbrot gebacken und auch dafür musste der Teig auf eine ganz bestimmte, sehr anstrengende Weise geschlagen werden. Hinzu kam, dass ich zusammen mit der Bauersfrau und ihren beiden Töchtern mittags kochen musste, obwohl ich das nie gelernt hatte. Vierzehn Personen saßen um den Esstisch und wollten satt werden.

Doch damit war die Arbeit nicht zu Ende. Das Schleppen von Korn- und Kartoffelsäcken, jeder einen Zentner schwer, strengte mich manchmal so an, dass ich mir dachte: Jetzt lasse ich mich einfach zu Boden fallen und stehe nie wieder auf. Auch das Wäschewaschen war eine Anstrengung, die man sich heute, im Zeitalter von Waschmaschine und Wäschetrockner, nicht mehr vorstellen kann. Die Wäsche wurde in einem großen Kessel gekocht und im Fluss gespült. Im Winter war der Fluss zugefroren. Man musste ein großes Loch ins Eis schlagen, ein Brett darüberlegen und dann die Wäsche in diesem Eiswasser ausspülen. Wir hatten einen Eimer mit warmem Wasser dabei, in das wir ab und zu unsere steif gefrorenen Hände tauchen konnten. Im Sommer musste die Wäsche außerdem auf die Bleiche gelegt, begossen und gewendet werden.

Eine kurze Ehe

Trotz all der schweren Arbeit herrschte stets ein Klima der Fröhlichkeit. Einmal wöchentlich traf ich mich abends mit meinen Kameradinnen vom BDM. An den wenigen freien Tagen, die ich hatte, gingen wir gemeinsam zum Zelten oder zu einem Fest. Etwa im Oktober 1934 zum Erntedankfest, auf dem ich meinen künftigen Ehemann zum ersten Mal sah. Das geschah folgendermaßen: Eine Gruppe von Menschen stellte sich gerade für ein Foto auf. Als ich das beobachtete, meldete sich meine innere Stimme und sagte mir: »Den da, den wirst du irgendwann heiraten.« Es war ein Mann, der mitten in dieser Gruppe stand und sich für den Fotografen zurechtmachte. Ich bekam einen riesigen Schreck und dachte voll Entsetzen: »Um Gottes willen, nein. Der ist doch viel zu alt und dann ist er auch noch dick und trägt eine Brille.« Das konnte nicht sein. Den würde ich niemals heiraten. Außerdem war ich erst fünfzehn Jahre alt. Trotzdem war meine Angst so groß, dass ich das Fest Hals über Kopf verlassen habe. Nach einer Weile gelang es mir, diesen Schrecken zu vergessen. Doch im nächsten Jahr, zur Feier des 1. Mai, ging ich wieder in unser Kirchdorf Kraupischken und der Erste, der mir entgegenkam, war eben dieser Mann. Da wir uns vom Sehen kannten, begrüßten wir uns und später sprach er mich an und bat um einen Tanz. Also habe ich mit ihm getanzt, obwohl wir beide gar nicht tanzen konnten. Die anderen Leute lachten nur und sagten: »Nanu, der Leo tanzt doch sonst nie.«

Wir verbrachten den Tag zusammen und verabredeten ein weiteres Treffen. Zwei Wochen später fragte Leo mich, ob ich ihn heiraten würde. Nachdem ich meinen ersten Schreck überwunden hatte, redete ich mir ein, dass doch auch meine innere Stimme schon gesagt hatte, dass ich ihn eines Tages heiraten würde, und so erschien mir das gar nicht mehr so undenkbar. Wir trafen uns nun öfter, und als ich meinen 17. Geburtstag feierte, luden ihn meine Bauern, bei denen ich Dienst tat, ohne mein Wissen zum Geburtstagskaffee ein. Leo fuhr mit einem Auto vor und sagte: »Ich nehme sie gleich mit.« Ganz offenbar war das vorher abgesprochen worden, ohne dass man mir ein Sterbenswörtchen gesagt hatte. Trotzdem packte ich mein Köfferchen mit den wenigen Sachen, die ich mein Eigen nannte, und fuhr mit ihm nach Breitenstein zu seiner Mutter. Ich hatte in der Zwischenzeit natürlich schon erfahren, dass er Drogist und Inhaber eines Kolonialwarenladens in dem kleinen Städtchen war. In seinem Geschäft gab es all diese »ausländischen Waren«, die man damals als Kolonialwaren bezeichnete, also Kaffee, Tee, Kakao, Zucker, Gewürze und Ähnliches. Außerdem war eine Drogerie angeschlossen, eine Abteilung für Farben und Tapeten und eine Fotoabteilung. Zum Laden gehörte vor dem Haus eine kleine Tankstelle mit nur einer Zapfsäule.

Die Familie meines Zukünftigen, die Familie Haslinger, war im Ort sehr angesehen. Leos Vater, der nicht mehr lebte, war früher Bürgermeister von Breitenstein gewesen und die Mutter bewohnte mit ihrem Sohn das größte Haus am Ort. Doch Leos Mutter war mir nicht wohlgesonnen. »Ihr braucht gar nicht zu heiraten, ich bringe euch doch bald wieder auseinander«, sagte sie mir in ihrer Eifersucht ins Gesicht. Sie wollte ihren Sohn nicht hergeben und wenn, dann hatte sie sich wohl eine andere Frau für ihn erträumt als dieses mittellose siebzehnjährige Waisenmädchen.

Nach dem Tod meines Vaters war mir ein Vormund zugeteilt worden, mein Vetter Gerd Klugkist aus Königsberg, ein guter Mensch, der mich sehr zuvorkommend und freundlich behandelte. Eigentlich hätte mein Onkel Kurt mein Vormund werden sollen, der auf dem Gut lebte, wo meine Mutter begraben lag, doch ich sträubte mich mit Händen und Füßen dagegen, denn dieser Onkel Kurt hatte ganz anderes mit mir im Sinn. Ich hatte Angst vor ihm, denn er herrschte mit eiserner Hand über die Menschen auf dem Gut und nahm bei seinen Bediensteten sogar noch das Jus primae noctis in Anspruch, das alte Feudalrecht der ersten Nacht. Auch bei mir unternahm er später einen Annäherungsversuch. »Ich zahle dir alle Schulden, wenn du vergisst, dass du meine Nichte bist«, sagte er. Ich wusste mir nicht anders zu helfen, als ihm eine schallende Ohrfeige zu verabreichen. Jedenfalls wurde er nicht mein Vormund.

An meinem 17. Geburtstag, am 29. August 1936, folgte ich also meinem zukünftigen Ehemann nach Breitenstein und wohnte fortan im Haus seiner Mutter. Am 7. Dezember des gleichen Jahres heirateten wir in Königsberg. Mein Vormund war damit einverstanden und half mir, das für Minderjährige nötige Ehetauglichkeits-Zeugnis zu besorgen. Vermutlich war er froh, mich unter der Haube und versorgt zu wissen. Als ich vor dem Altar stand, drängte es mich, »Nein« zu sagen, denn ich wusste, dass diese Ehe scheitern würde, wenn wir im Haus der Mutter wohnen blieben. Doch ich habe »Ja« gesagt, denn ich war bereits schwanger. »Da musst du jetzt durch«, sagte ich mir vor.

Auf der Rückfahrt von Königsberg kam es zu einem Zwischenfall, der mir wie ein böses Omen für unsere Ehe schien. Wir fuhren im Auto durch dichtes Schneegestöber, das uns jede Sicht raubte. Plötzlich sahen wir vor uns auf der Straße einen Mann mit seinem Fahrrad liegen, der auf der glatten Fahrbahn ausgerutscht war. Trotz der Glätte konnten wir gerade noch vor ihm bremsen.

Die sogenannte Hochzeitsfeier fand gleich nach unserer Rückkehr bei meiner Schwiegermutter statt, die aus gesundheitlichen Gründen nicht nach Königsberg zur Trauung hatte kommen können. In ihrer Küche standen zwei Becher mit Kaffee und ein Teller mit Streuselkuchen für uns bereit. Wir tranken schweigend den Kaffee und aßen den Kuchen, noch immer benommen von dem Schreck, den wir auf der Straße erlebt hatten. Das war alles.

Fortan bewohnten wir in der Sechszimmerwohnung meiner Schwiegermutter zwei Räume und ich musste mich im Geschäft meines Mannes einarbeiten. Viel Hilfe hatte ich nicht zu erwarten. Man übergab mir die Buchhaltung, ich half im Verkauf mit und hatte auch noch die vier Lehrlinge zu betreuen, die im Laden tätig waren. »Wenn du nicht weiterweißt, dann erkundige dich, wie das früher gemacht wurde«, war alles, was man mir mit auf den Weg gab. Anfangs habe ich einfach nachgemacht, was auch die Lehrlinge machten, habe all ihre Tätigkeiten mit ausgeführt, selbst das ungeliebte Abfüllen von Salzsäure und Lebertran im Keller. Später, als ich all die verschiedenen Arbeitsabläufe begriffen hatte, lernte ich, die Lehrlinge zu organisieren, und schrieb kleine Listen für jeden, was an dem jeweiligen Tag außer dem Bedienen im Laden noch zu tun war. Am Abend überprüfte ich, ob alles erledigt war. Ich war also Chefin von vier Lehrlingen, die gerade einmal ein Jahr jünger waren als ich und die ich allesamt schon von der Hitlerjugend her kannte. Aber sie respektierten mich und wir hatten ein sehr gutes Verhältnis miteinander – mit einem der ehemaligen Lehrmädchen stehe ich bis heute in Kontakt.

Auch mein Mann war zufrieden, denn das Geschäft blühte. Am 21. Juni 1937 kam unsere Tochter Irmtraut zur Welt. Bis kurz vor der Niederkunft hatte ich im Laden gearbeitet. Als ich mit dem Baby aus Insterburg zurückkam, wohin ich zur Geburt in das einzige Krankenhaus der Umgebung gegangen war, hatte meine Schwiegermutter alles so geregelt, dass mein Mann sechs Wochen lang nicht mehr in unserem gemeinsamen Schlafzimmer übernachten durfte. Stattdessen musste er vor der Tür seiner Mutter schlafen. Meine Schwiegermutter beachtete mich kaum, an unserem Töchterchen aber zeigte sie Interesse. Ich begann, zunehmend Angst vor ihr zu bekommen. Das ging so weit, dass ich mich fürchtete, sie wolle mich mit dem Essen, das sie in der Mittagspause in den Laden schickte, vergiften. Mein Mann konnte und wollte mir nicht beistehen, denn er stand voll und ganz unter der Herrschaft seiner Mutter. Einige Monate nach der Geburt meiner Tochter fragte mich bei einer Routineuntersuchung der Arzt: »Stillen Sie noch?« Als ich bejahte, gab er mir den Rat: »Dann hören Sie allmählich damit auf, damit Sie für Ihr nächstes Kind Milch haben.« Ich war zum zweiten Mal schwanger. Trotzdem machte ich die sogenannte »Giftprüfung«, die notwendig war, um in der Drogerie Salzsäure und andere gefährliche Dinge verkaufen zu dürfen.

Leo war Sturmbannführer beim NSKK, dem Nationalsozialistischen Kraftfahrkorps, und wurde immer wieder zu Lehrgängen eingezogen. Immer wenn ich allein war, richtete ich eine kleine leer stehende Wohnung über unserem Ladengeschäft heimlich ein, und als alles bereit war, schlich ich eines Nachts mit meinem Kindchen aus dem Haus: Bei Mondenschein ging ich über den Marktplatz, das Kind im Körbchen, voller Angst, dass die Kleine zu schreien anfängt. Aber die Flucht aus der Wohnung der Schwiegermutter gelang.

Als mein Mann zurückkam, musste er sich mit der Tatsache abfinden, dass wir nun dort oben in der kleinen Wohnung über dem Laden lebten. Meine Schwiegermutter konnte nichts tun und es gelang ihr auch nicht, uns zur Rückkehr zu bewegen. Ich genoss es sehr, nun endlich in den eigenen vier Wänden zu leben. Zu dieser Zeit hatte ich schon meinen Führerschein gemacht, und als ich kurz vor der Entbindung zusammen mit meinem Mann wieder ins Krankenhaus nach Insterburg aufbrach, war er derart aufgeregt, dass er mich bat, den Wagen zu fahren. Also saß ich mit meinem dicken Bauch hinter dem Steuerrad und fuhr selbst zum Krankenhaus.

Alles ging gut, und als ich mit unserem Söhnchen Winhard wieder zurückkam, ging die Arbeit im Laden weiter wie bisher. 1939 schließlich begann der Krieg. Die ersten Soldaten fuhren durch unser Städtchen und tankten auch gelegentlich an der Tanksäule vor unserem Laden. Mein Mann wurde immer öfter zu Lehrgängen eingezogen, sodass die gesamte Arbeit im Laden und mit den beiden Kindern auf meinen Schultern lastete. Immerhin hatte ich ein Lehrmädchen, das tagsüber, wenn ich im Laden war, auf die Kleinen aufpasste. Doch sehr rasch geriet ich in das hinein, was man heutzutage Burnout nennt und was damals nur als abnorme Müdigkeit beschrieben wurde. Ich war immerzu müde und ging schließlich zum Arzt, um mir eine Medizin dagegen verschreiben zu lassen. Unser alter Doktor war gerade nicht da, der junge Arzt, der ihn vertrat, sagte zu mir: »Ich habe da ein ganz neues Mittel, das bekommen jetzt auch unsere Flieger, damit sie bei den Angriffen hellwach sind. Es heißt Pervitin. Es ist zwar noch nicht lange erprobt, ich kann es Ihnen dennoch verschreiben. Sie dürfen pro Woche allerdings höchstens drei Tabletten nehmen und abends mal eine Schlaftablette dazu, damit Sie überhaupt schlafen können.«

Ich begann, das Mittel zu nehmen, und in meiner Naivität fand ich die Wirkung wunderbar. Eine Tablette – und die Müdigkeit war wie weggeblasen. Auch mein Kopf war völlig klar. Ich konnte rechnen, konnte meine Buchhaltung und die Fotoarbeiten erledigen, die Lehrlinge organisieren, an der Verkaufstheke stehen. Da wir im Laden auch eine Drogerie hatten, konnte ich das Mittel bequem selbst im Großhandel bestellen, denn zu dieser Zeit war Pervitin noch nicht apothekenpflichtig. Die erste Lieferung bestand aus zehn Röhrchen à dreißig Tabletten. Die erste Pille nahm ich morgens nach dem Aufstehen, die zweite gegen zwei Uhr nachmittags und die dritte um sechs Uhr abends. Anstatt, wie vom Arzt verschrieben, drei Tabletten die Woche nahm ich drei pro Tag. Pervitin kam tatsächlich bei den deutschen Soldaten des Zweiten Weltkriegs intensiv zum Einsatz. Wie ich später erfuhr, sollen Wehrmacht und Luftwaffe allein im Zeitraum von April bis Juni 1940 fünfunddreißig Millionen Tabletten bezogen haben. Erst ab 1941 war das Mittel dann nur mehr auf Rezept erhältlich. Es dämpfte das Angstgefühl, verlieh Selbstvertrauen, ein Gefühl der Stärke und steigerte die Leistungs- und Konzentrationsfähigkeit, machte aber rasch süchtig. Noch im Vietnamkrieg wurde Pervitin von den US-Truppen verwendet. Auch Sportler schätzten die Droge als verlässliches Dopingmittel. Nach dem Krieg sollen die Nervenheilanstalten voll gewesen sein von pervitinsüchtigen ehemaligen Soldaten.

Auch ich spürte bald die negativen Wirkungen des Wundermittels. Als ich eines Tages bemerkte, dass meine Hände zitterten, wusste ich, dass dies auf das Mittel zurückzuführen war, da ich keinerlei andere Medikamente nahm. Ich beschloss, sofort damit aufzuhören. Kurz entschlossen nahm ich die Röhrchen, die ich noch auf Vorrat hatte, und warf sie in den Fluss mit dem feierlichen Vorsatz: Ich höre auf. Doch so einfach war das leider nicht. Ich musste am eigenen Leib erfahren, was es bedeutet, süchtig zu sein. Mein Vorsatz löste sich rasch in Luft auf, doch nun hatte ich kein Pervitin mehr im Haus. Aber ich wusste von einem Mühlenbesitzer, der diese Tabletten auch nahm, und ging zu ihm, um mir welche zu leihen. Auf dem Weg dachte ich mir: Wenn er mir freiwillig keine gibt, bringe ich ihn um. Das hat mir einen gehörigen Schrecken vor mir selbst eingejagt.

Ich musste ihn zum Glück nicht umbringen – er hat mir mit Tabletten ausgeholfen und ich nahm weitere vier oder fünf Tage Pervitin. Danach hörte ich dank meiner starken Willenskraft endgültig damit auf. Wie stark sie war, wurde mir bewusst, als ich später in Zeitungen las, dass es angeblich unmöglich war, ohne ärztliche Hilfe von dieser Droge loszukommen. Bis vor wenigen Jahren hatte ich sogar hier in meiner Wohnung noch ein Röhrchen mit drei Tabletten von damals, aber ich habe nie wieder eine davon angerührt. Doch kann ich jeden Süchtigen verstehen, der vor nichts zurückschreckt, um an seine Droge zu kommen.

Mein Mann war auch im SD tätig, im Sicherheitsdienst. Diese Einrichtung der Nazis hatte den Zweck, politische Gegner und verdächtige Parteimitglieder zu überwachen und auszuspionieren. Als Leo wieder einmal lange auf einem Lehrgang weilte, kamen zwei SS-Männer zu mir in die Wohnung und sagten: »Ihr Mann ist jetzt im Krieg. Wir brauchen jemanden, der hier seine Arbeit für den SD weiterführt, und möchten Sie bitten, dass Sie das machen.«

Ich wollte das nicht und lehnte ab, was einen der beiden zu der Äußerung veranlasste: »Sie werden das noch einmal bitter bereuen, dass sie uns abgesagt haben.«

Für mich war es dennoch richtig so.

Meine Ehe mit Leo wurde zunehmend schwieriger, denn er war völlig von seiner Mutter abhängig und konnte sich nicht zwischen Ehefrau und Mutter entscheiden. Das Einzige, das er je gegen den Willen seiner Mutter getan hatte, war, mich zu heiraten. Auch mit der Tatsache, dass wir aus der Wohnung seiner Mutter ausgezogen waren und nun in unseren zwei kleinen Zimmern mit Küche über dem Laden wohnten, fand er sich ab, doch er bestand darauf, dass wir jeden Sonntag bei Mama zum Essen erschienen. Und die hat alles getan, um uns in Schwierigkeiten zu bringen und gegen mich zu arbeiten. Als etwa mein Mann ein wenig Übergewicht abbauen wollte und ich für ihn fettreduziert kochte, tischte sie ihm in ihrer Wohnung Soßen auf, auf denen das Fett stand. Der arme Junge muss doch was Anständiges zu essen kriegen, hieß es dann und sie freute sich, mir eins ausgewischt zu haben. Auch in die Erziehung unserer Kinder versuchte sie sich einzumischen und ich musste mich ständig behaupten. Das wäre alles nicht weiter schlimm gewesen, wenn es zwischen uns Eheleuten gut funktioniert hätte. Was unser Sexualleben anbelangte, hatten wir beide eigentlich keine Ahnung, auch mein Mann nicht, obwohl er doppelt so alt war wie ich. Ich dachte immer nur: War das alles? Er schlief ein und ich lag aufgewühlt und wach daneben. Schließlich weigerte ich mich. Ich nahm entweder die Kinder mit ins Bett oder habe spätabends noch Wäsche gewaschen und Hausarbeit erledigt. Eines Tages kam es dann zum Eklat. Leo gab mir eine Ohrfeige, ich floh aus der Wohnung zu meinem Vormund nach Königsberg. Dort blieb ich für ein paar Tage, bis mein Mann mich wieder holte. Wir haben es noch einmal miteinander versucht – leider vergebens. So fuhr ich wieder nach Königsberg und nun bestand ich gegenüber meinem Vormund darauf: »Wir müssen uns trennen.« In Königsberg begann ich mit einer Ausbildung als Rotkreuzhelferin in einem Lazarett und nach langem Hin und Her wurden wir schließlich geschieden, wegen »unüberwindlicher Abneigung«, wie es damals so schön hieß. Die Kinder waren vorläufig bei meinem Mann geblieben, aber ich war ganz sicher, dass man sie mir als Mutter zusprechen würde. Bei der Scheidung hieß es, die Kinderfrage werde erst nach der Scheidung geregelt. Also begann ich, von Königsberg aus um meine Kinder zu kämpfen.

Leo heiratete rasch wieder, und zwar eine junge Frau, die schon ein Auge auf ihn geworfen hatte, bevor ich ihn kennengelernt hatte. Nach unserer Hochzeit war sie enttäuscht nach Westfalen fortgezogen, kam jedoch, sobald sie von unserer Scheidung erfuhr, zurück. Die beiden heirateten und hatten zwei Töchter. Die Frau war ihren eigenen und auch meinen Kindern eine gute Mutter.

Im Dritten Reich wurde die Kinderfrage stets unabhängig von der Scheidung geregelt. Das Gesetz schrieb vor, dass die Kinder grundsätzlich bei dem Elternteil verbleiben sollen, das sich in der besseren wirtschaftlichen Lage befand, und dass Geschwister auf keinen Fall getrennt werden dürfen. In meinem Fall bedeutete das, dass beide Kinder meinem Mann zugesprochen wurden, was für mich ein schrecklicher Schock war. Diese Entscheidung wurde von einer Art Sozialamt getroffen. Also ging ich zu dieser Behörde und stellte den Antrag, dass die Kinder mir zugesprochen werden. Schließlich konnte ich Wohnung und Arbeit in Königsberg nachweisen. Alle vier Wochen sprach ich auf der Behörde vor, bis eines Tages die Sekretärin mir unter der Hand sagte, wie leid es ihr tue, aber sie wolle mir mitteilen, dass ihr Chef dafür sorge, dass ich die Kinder nie bekommen werde. Als ich sie nach dem Grund fragte, gab sie mir den Rat, ihn beim nächsten Mal direkt darauf anzusprechen. Als ich das vier Wochen später tat, brach es förmlich aus dem Mann heraus: »Ich werde dafür sorgen, dass Sie Ihre Kinder nie bekommen. Sie sind noch so jung. Wenn Sie jetzt für Ihre Kinder sorgen müssen, dann können Sie dem Führer keine neuen Kinder mehr schenken. Aber weil sie so jung sind, können Sie noch viele Kinder haben.«

In diesem Augenblick habe ich mich entschlossen, dass ich noch einmal zwei Kinder haben werde, allerdings ohne je wieder zu heiraten und abhängig zu sein von Scheidungsrichtern und Sozialämtern. Das stand für mich einfach fest. Die Einsicht war eine dieser unverrückbaren inneren Überzeugungen, von denen ich bereits gesprochen habe und die mir immer wieder im Leben meinen Weg gewiesen haben. Am selben Abend traf ich meine Schulfreundin Ulla von Braun, die zu dieser Zeit auch in Königsberg lebte. Sie hatte mich in die Oper eingeladen. Gegeben wurden die »Meistersinger« von Richard Wagner. Ich saß im Theater und während der ganzen Aufführung liefen mir die Tränen über die Wangen. Mir wurde klar, dass ich meine Kinder aufgeben musste. Über fünf Stunden dauern die Meistersinger und die ganze Zeit weinte ich.

Später erfuhr ich über das Büro des Lazaretts, in dem ich arbeitete, dass die Gestapo mir nachspürte. Man wollte mir politisch etwas anhängen, damit ich für alle Zeiten das Recht verlor, meine Kinder zu sehen. Ich erinnerte mich daran, dass mir die SS-Männer gedroht hatten, ich würde es noch einmal bereuen, dass ich mich geweigert hatte, für den Sicherheitsdienst zu arbeiten.

Es war das Jahr 1943, ich war vierundzwanzig Jahre alt. Der Untergang der 6. Armee in Stalingrad machte den meisten Menschen klar, dass der Krieg für Deutschland verloren war. Ich arbeitete weiterhin im Lazarett und die schrecklichen Dinge, die ich dort zu sehen bekam, die Verwundeten und Schwerstverwundeten, die von der Front eingeflogen wurden, schienen wie greifbare Beweise für den drohenden Untergang Deutschlands. Zu meinem Glück kam es nicht dazu, dass ich als Krankenschwester nach Russland verlegt wurde, wie es wohl, so hörte ich, geplant gewesen war.

Immerhin hatte mir das Gericht das Recht zugesprochen, meine Kinder regelmäßig zu sehen. Doch auch das wurde hintertrieben. Als ich das erste Mal nach Breitenstein fuhr, um meine Kinder zu besuchen, fand ich meinen geschiedenen Mann und den Ortspolizisten vor der Drogerie sitzen. Beide grinsten mich an. Ich zeigte ihnen den Bescheid vom Gericht und sagte: »Ich will meine Kinder sehen«, bekam aber nur zur Antwort: »Wir haben keinen Brief bekommen. Also ist es nicht möglich, die Kinder zu sehen.« Wortlos drehte ich mich um und ging weg, da jeder Versuch, die beiden umzustimmen, sinnlos gewesen wäre. Auf dem Rückweg sah ich plötzlich meine Kinder mit ihrem Kindermädchen vor mir auf der Straße gehen. Ich rief sie von hinten an. Meine Tochter drehte sich um, schaute mich erstaunt an und begann fürchterlich zu weinen. »Der Papa hat doch gesagt, dass du tot bist und nie mehr wiederkommst«, rief sie. Es war für lange Zeit das letzte Mal, dass ich meine Kinder zu Gesicht bekam – bis zu einer traurigen Begegnung im Januar 1945.

Zurück zur eigenen Kraft

Mein Leben in Königsberg war geprägt von Arbeit und dem Umgang mit Verwandten und Freunden. Auch meine Stiefmutter lebte in der Stadt und ich besuchte sie regelmäßig. Dennoch war ich sehr einsam. Und so schickte ich, als ich eines Tages unterwegs war, um meine zweiundneunzigjährige Großmutter im Krankenhaus aufzusuchen, ein inneres Stoßgebet zum Himmel: »Lieber Gott, schick mir einen Menschen, mit dem ich reden kann.« Ich war sehr verzweifelt an diesem Tag. Auf dem Heimweg wich ich von meiner normalen Route ab und kam auf eine Straße, auf der viele Menschen unterwegs waren. Ein Mann ging rasch an mir vorbei, drehte sich um, kam zurück und sprach mich an: »Wohin gehst du?« In diesem Augenblick wusste ich innerlich, dass mein Wunsch in Erfüllung gegangen war. Es war für mich eine unglaublich wichtige, schicksalhafte Begegnung. August diente als Offizier für die Betreuung russischer Kriegsgefangener, stammte ursprünglich aber aus Berlin, wo er – in seinem zivilen Leben – Lehrer an der Musikhochschule war. Er komponierte, vertonte Gedichte von Mor-

genstern und Hesse. Mit ihm konnte ich über alles sprechen, über alle Sorgen und Probleme, und ich fühlte mich
ganz und gar von ihm verstanden. August war die große
Liebe meines Lebens, aber er hat mich nie angerührt. In
dem halben Jahr, in dem er in Königsberg lebte, brachte
er mich mit Kunst und Kultur in Berührung, wovon ich
doch eigentlich überhaupt keine Ahnung hatte. Er sagte
beispielsweise zu mir: »Geh in die Oper.« Als ich ihn
fragte, ob er mitkomme, verneinte er und meinte: »Du
musst lernen, mit all dem allein fertig zu werden.« Aber
er holte mich nach der Vorstellung ab und wir sprachen
über die Aufführung. Er schickte mich in Dichterlesun-
gen, Ausstellungen, Konzerte. Obwohl nie »etwas zwischen uns war«, war er in dieser sehr schwierigen Zeit
die einzige Stütze für mich und vor allem hat er mich immer wieder auf meinen eigenen individuellen Weg zu-
rückgeführt. Das war von unglaublicher Wichtigkeit
und hat bis heute enorme Bedeutung für mich. August
war mir tatsächlich vom Himmel geschickt worden.

Mit dem Zurückfinden zu meiner eigenen Stärke beschäftigte mich mein Vorsatz, den ich nach dem Verlust
meiner Kinder gefasst hatte: Ich wollte noch einmal zwei
Kinder haben, aber ohne zu heiraten. Das war in der damaligen Zeit etwas völlig Unerhörtes. Ich wusste, dass
ich vielleicht viele Freunde verlieren würde, dass meine
Verwandten sich von mir abwenden könnten, denn damals galt es als große Schande für eine Frau, ein unehe-
liches Kind zu bekommen. Und doch hielt ich die Augen
offen, um einen Mann zu finden, der sich auf mein ungewöhnliches Ansinnen einlassen würde.

Eines Tages besuchte ich eine Kunstausstellung im
Schloss und begegnete einem Offizier, der mich nach

dem Weg fragte. Im gleichen Moment meldete sich wieder meine innere Stimme und verkündete: »Das wird der Vater deines Kindes.« Ich bekam einen fürchterlichen Schreck, gab ihm die gewünschte Auskunft nach dem Weg und ging rasch um das Schloss herum auf die andere Seite. Und wer kam mir auf der anderen Seite des Gebäudes entgegen – wieder dieser Offizier, der lachend sagte, er habe den Weg doch nicht gefunden. Wir kamen ins Gespräch. Er kam gerade von der Front. Wir freundeten uns an und eines Tages offenbarte ich ihm mein Vorhaben. Er ließ sich darauf ein, obwohl er selbst verheiratet war. Kurz darauf war ich schwanger, allerdings genau zu der Zeit, als man mich als Schwesternhelferin in ein Lazarett in Russland schicken wollte. Innerhalb einer Woche bekam ich acht Impfungen, was vermutlich dazu führte, dass ich eine Fehlgeburt erlitt.

Statt nach Russland wurde ich nach Danzig versetzt, wo ich in einem Wohnheim für die Betreuung von vierzig Mädchen zuständig war, die als Rechnungsführerinnen für die Wehrmacht ausgebildet wurden. Insgesamt lebten in diesem Heim, das ehedem eine Schule gewesen war, einhundertzwanzig Mädchen. Ich war als eine von drei Führerinnen eingesetzt, und da ich für diese Aufgabe nicht wirklich ausgebildet war, schickte man mich zu einem Lehrgang beim Oberkommando der Wehrmacht nach Berlin, was mir damals sehr imponierte. Dort schloss ich die Ausbildung zur Heimleiterin ab. Von Berlin bekam ich wenig mit. Ich suchte nur einmal die Straße in der Hasenheide auf, wo ich als Zehnjährige bei meiner Tante gewohnt hatte und so beeindruckt von der nachts hell erleuchteten Großstadt gewesen war. In Berlin sah ich auch meinen Herzensfreund August zum letz-

58

ten Mal. Ich wusste, dass er in der Uhlandstraße seine Wohnung behalten hatte, und da klingelte ich einfach und er war tatsächlich auf Urlaub zu Hause. Es war unsere letzte Begegnung, bevor er an die Front – und in den Tod – ging. Er hat mir damals gesagt: »Heirate nie. In der Ehe stirbt die Liebe.« Das hat mich in meinem Vorhaben, Kinder zu haben, ohne zu heiraten, bestärkt. Danach wurde er nach Russland an die Front versetzt und hat sich das Leben genommen, als seine Truppe hoffnungslos in einem Kessel eingeschlossen war.

Das Lebensgefühl jener Zeit ist heute kaum nachzuvollziehen. Jeder lebte in dem Bewusstsein, dass heute sein letzter Tag sein könnte. Und das galt nicht nur für Soldaten, die an die Front fuhren, sondern auch für alle Menschen in den Städten, die fast jede Nacht bombardiert wurden.

Deshalb war es so wichtig, an dem eigenen Wunsch festzuhalten. Auch für mich. Ich wurde von dem Offizier, den ich bei der Ausstellung kennengelernt hatte, erneut schwanger und bat nun um Versetzung aus dem Danziger Mädchenheim, in das ich als frischgebackene Heimleiterin wieder zurückgekehrt war. Doch nun spielte mir das Schicksal einen Streich. Der Beamte, der über die Versetzung zu entscheiden hatte, war mir nicht wohlgesonnen. Er hatte einmal handgreifliche Annäherungsversuche bei mir unternommen, worauf ich ihm eine Ohrfeige gegeben hatte, was ihn wiederum zu der Äußerung veranlasste, dass ich das bereuen werde. Nun war die Gelegenheit gekommen, sich an mir zu rächen. Ich wurde nach Lomscha in Polen versetzt, als Rechnungsführerin in einer Dienststelle der Wehrmacht. Dort war es sehr gefährlich, weil es vor Partisanen und Heckenschützen nur so wimmelte. Man konnte kaum ins Freie gehen, weil dauernd scharf geschossen wurde. Die Wehrmachtsleute ließen es sich trotz allem gut gehen. Eine Reihe von ihnen hielt sich polnische Geliebte und diese Mädchen lieferten den Widerstandskämpfern alle Informationen über die Bewegungen und Pläne der Wehrmacht. Kaum waren die Fernschreiben mit den Befehlen bei uns eingegangen, waren sie auch schon bei den Polen bekannt.

Ich wollte mein Kind auf keinen Fall an diesem Ort zur Welt bringen. Für die Rückversetzung nach Königsberg aber benötigte ich ein ärztliches Attest. Dieses bekam ich von einem jungen Wehrmachtsarzt, den ich aufsuchte und der mir gestand, dass er noch nie eine Frau untersucht habe. Ich sagte ihm, dass ich gar keine Untersuchung von ihm wolle, sondern nur diese Bescheinigung. Ich versprach ihm auch, die Bescheinigung in Königsberg verschwinden zu lassen, um ihn nicht zu belasten. Er ließ sich darauf ein.

Kurz vor Weihnachten 1943 war ich zurück in Königsberg und quartierte mich zunächst einmal in einem Hotel ein. Bald darauf traf ich eine gute alte Freundin, Frau Schmund. Wir hatten früher in Königsberg in der gleichen Straße gewohnt. Ihr Mann war Anthroposoph und sie gehörte der Christengemeinschaft an, die auf Betreiben Rudolf Steiners, dem Begründer der Anthroposophie, entstanden war. Im Dritten Reich war die Anthroposophie verboten, bestand aber in geheimen losen Gemeinschaften weiter. Frau Schmund half, eine Bleibe für mich zu finden, und empfahl mich an eine Freundin aus der Christengemeinschaft, die gerade schwere Zeiten hinter sich gebracht hatte. Sie war schwanger gewesen, hatte sich während der Schwangerschaft ständig übergeben müssen, war völlig abgemagert und hatte schließlich eine Fehlgeburt erlitten. Ein Arzt hatte die Diagnose gestellt, sie sei schizophren, woraufhin sie für ein Jahr in die Psychiatrie eingewiesen und anschließend, wie vom Gesetz vorgeschrieben, sterilisiert wurde. Ihr Mann versuchte alles, um das zu verhindern, doch vergebens. Es war ihr nicht nur verboten, eigene Kinder zu bekommen, sondern sie durfte auch keine fremden Kinder um sich haben. Sie aber liebte Kinder sehr und hatte in ihrer Wohnung immer wieder Säuglinge als Tagesmutter betreut oder für einige Zeit bei sich aufgenommen, wenn die Mütter die Stadt verließen, um ihre Männer im Lazarett zu besuchen. Meine Freundin meinte, es wäre eine gute Lösung, wenn ich bei dieser Familie, bei Wanda und Kurt Müller, einziehen würde, freilich unter der Voraussetzung, dass wir uns gut verstünden. Und das war der Fall, Wanda und ich wurden später enge Freundinnen. Ich zog also in den kleinen Raum ihrer Zweieinhalbzimmerwohnung ein, arbeitete wieder im Lazarett, während Wanda in einer Munitionsfabrik dienstverpflichtet war. In dieser Wohnung wurde am 8. März 1944 mein Sohn Hans geboren.

Wandas Mann Kurt war deutlich älter als sie. Als er zum Volkssturm eingezogen wurde, nahm er mir das Versprechen ab, Wanda nie allein zu lassen. In der Tat gingen wir beiden Frauen in den kommenden Jahren gemeinsam durch dick und dünn.

In meiner knappen Freizeit begann ich, die ersten Bücher über Asien und Tibet zu lesen. Ich hatte ein Buch von Sven Hedin in die Finger bekommen und damit war mein Interesse an Zentralasien geweckt. Viel Zeit blieb mir nicht, um in die Bibliothek zu gehen und die Bände herauszusuchen. Auch hatte ich keinerlei literarische Bildung und auch nur diese paar wenigen Schuljahre. Meinem Ehemann hatte ich einmal gesagt: »Ich möchte mal Goethe lesen.« Er hatte nur erwidert: »Wieso Goethe?« Da ich ihm keine schlüssige Antwort geben konnte, drückte er mir den »Mythos des 20. Jahrhunderts« in die Hand, dieses unselige Machwerk des Parteiphilosophen Alfred Rosenberg, in dem die Rassenideologie des Nationalsozialismus in aller Breite ausgewalzt wird. »Das musst du lesen, dann brauchst du keinen Goethe«, gab er mir mit auf den Weg dieser Lektüre, die ich aber schon sehr bald abbrach. Die Bücher über Tibet und Zentralasien aber fesselten mich ungemein.

Die Arbeit im Lazarett war sehr schwer, aber nach einer Zeit der Eingewöhnung belastete sie mich nicht mehr, denn ich hatte immer schon einen »sozialen Tick« und war gewohnt, schwer körperlich zu arbeiten. Lediglich als ich am ersten Tag vom Lazarett nach Hause kam, glaubte ich, es nicht durchhalten zu können. Ich musste die schlimmsten Verwundungen ansehen und diesen fürchterlichen Gestank ertragen. Immer wieder hatte ich das Motto meines Vaters im Kopf: »Nimm dich selbst nicht so wichtig. Erst kommen die anderen.«

Im Lazarett arbeitete ich halbtags. Die Betreuung meines Hansi teilte ich mit Wanda, die ebenfalls nur einen halben Tag in der Munitionsfabrik tätig war.

Am 29. August 1944, an meinem 25. Geburtstag, flog die englische Airforce einen schweren Luftangriff auf Königsberg. Wir saßen im Keller und bekamen mit, wie unser Haus getroffen wurde. Es brannte völlig ab. In solchen extremen Situationen schienen meine Kräfte zu wachsen. Während die anderen rätselten, was jetzt zu tun sei, suchte ich nach einem Ausgang aus dem verschütteten Keller und fand ein Kellerfenster, durch das wir alle auf die brennende Straße hinauskriechen konnten. Das Haus war völlig zerstört und ich hatte nicht nur meine Habseligkeiten, sondern auch alle Familiendinge, Dokumente, Bilder und alles andere verloren. Die Engländer hatten eine grauenvolle Technik entwickelt, um in den von ihnen bombardierten Städten einen vernichtenden Feuersturm auszulösen. Als ich am anderen Morgen durch Königsberg ging, um nachzusehen, ob es meiner Stiefmutter gut ging, bot sich mir ein schreckliches Bild totaler Zerstörung. Überall schwelte und brannte es, es stank fürchterlich und immer noch stürzten die Reste verbrannter Balken von den Ruinen der Häuser herab. Ich musste von einem Ende der Stadt zum anderen laufen, quer durch all dieses Chaos, doch meiner Stiefmutter war gottlob nichts zugestoßen, ihr Sohn war an der Front. Auf dem Weg hörte ich von einer jungen Frau, die nachts mit einem Baby ohne Kopf durch das brennende Königsberg geirrt sei. In diesem Augenblick wusste ich intuitiv, dass von meiner Freundin Hildegard die Rede war. Also suchte ich sie auf und fand sie völlig traumatisiert. Sie war von ihrer Wohnung zu einem Bunker gelaufen und der Splitter einer Bombe hatte ihrem Kind den Kopf abgerissen. Wir blieben Freundinnen bis zu ihrem Tod und sie hat mir damals sogar ihren Kinderwagen für mein Baby geschenkt.

Einige Zeit nach diesem verheerenden Luftangriff kam über Lautsprecher die Durchsage, dass alle kleinen Kinder aus Königsberg aufs Land evakuiert werden müssten. Ich wollte meinen Hans aber nicht irgendwelchen fremden Leuten anvertrauen. Auch Wanda hatte große Sorge. Ich sagte zu ihr: »Geh du mit Hansi in den Keller des Nachbarhauses und sorge dafür, dass er keinen Piep von sich gibt. Ich regle das andere.« Tatsächlich kam gegen Mittag ein Bauer mit einem kleinen Pferdewagen, in dem ein wenig Stroh aufgeschüttet war, und meinte: »Ich soll hier ein Kind abholen.« Ich parierte in aller Seelenruhe mit einer Notlüge: »Das Kind wurde bereits abgeholt.« Der Bauer zog unverrichteter Dinge wieder ab und Hansi blieb bei uns. Für alle Fälle hatten wir ihm jedoch schon ein Leibchen genäht, das seinen Namen und sein Geburtsdatum eingestickt trug, für den Fall, dass etwas Unvorhergesehenes passieren würde. Doch zunächst ging unser Leben wie gewohnt weiter.

Das Lazarett, in dem ich arbeitete, lag etwas außerhalb der Stadt und hatte den Bombenangriff heil überstanden, ebenso die Munitionsfabrik, in der Wanda tätig war. Ich fuhr wieder regelmäßig zum Dienst. Als ich eines Nachmittags auf die Straßenbahn wartete, meldete sich laut und deutlich meine innere Stimme: »Geh über die Weichsel!« Zehn Minuten lang hämmerte in meinem Kopf immer wieder derselbe Satz: »Geh über die Weichsel!«

Da ich auf meine innere Stimme stets gehört habe, weil sie mir immer wieder geholfen hat, sagte ich noch am gleichen Tag zu Wanda: »Wir gehen fort von hier. Wir gehen über die Weichsel.«

Wanda hatte Einwände: »Aber wir sind doch dienstverpflichtet, du im Lazarett, ich in der Munitionsfabrik. Wir können nicht weg.«

Ich ließ nicht locker. Ich ging im Lazarett zum Chefarzt und bearbeitete ihn so lange, bis er mir meine Papiere aushändigte. Er sagte noch: »Wir gehen ohnehin bald alle weg, wenn die Russen kommen.« Ich antwortete: »Aber ich gehe vorher schon mit meinem Kind.« Anschließend ging ich zur Munitionsfabrik und brachte vor: »Ich habe den Auftrag, mich um meine Freundin Wanda zu kümmern. Ich verlasse die Stadt und habe die entsprechenden Papiere und sie muss mitkommen. Bitte geben Sie sie frei.« Tatsächlich hat man sie gehen lassen.

Drei oder vier Tage später, es war im September 1944, sind wir mit dem Kinderwagen, einem Rucksack und einem Koffer – darin befand sich unser ganzer Besitz – zum Bahnhof gezogen. Wir fuhren nach Dramburg in Pommern, wo eine Cousine von mir lebte. Rückschauend kann ich ermessen, welch unsagbares Elend uns dadurch erspart geblieben ist. Die Flüchtlingsbewegung begann in Ostpreußen erst im Spätherbst und Winter. Im Januar 1945 war Ostpreußen ganz vom Deutschen Reich abgeschnitten, Flüchtlingstrecks bewegten sich durch den eisigen Winter und auf dem Meer wurden mehrere Schiffe mit Flüchtlingen versenkt, während die Rote Armee mordend, plündernd und vergewaltigend durch die ostpreußischen Dörfer und Güter zog. Im September 1944 aber, als ich »über die Weichsel ging«, mochte sich noch niemand das schreckliche Unheil ausmalen, das sich über den Menschen Ostpreußens zusammenbraute, und auch ich ahnte nicht, als ich den Eisenbahnwaggon bestieg, dass ich nun meine geliebte Heimat für immer verlassen würde.

Kapitel 2

Zwischen Krieg und Frieden

Turbulente Jahre
zwischen 1945 und 1969

Als Heimleiterin in Peenemünde

Meine Freundin Wanda und ich gingen also über die Weichsel. Wir fanden, wie geplant, Aufnahme bei meiner Cousine in der pommerischen Stadt Dramburg, doch dort wurde es mir bald äußerst langweilig, denn ich hatte keine Arbeit. Da erinnerte ich mich an Emmi Endres, die zusammen mit mir an dem Kurs für Heimleiterinnen in Berlin teilgenommen hatte. Ich hatte mir damals ihre Adresse notiert und schrieb Emmi nun einen Brief. Ich erinnerte sie an unsere gemeinsame Zeit in Berlin und fragte sie, ob sie nicht eine Arbeit für mich wisse, auch wenn es nur Kartoffelschälen sei. Sie antwortete schon nach wenigen Tagen: »Komm her. Wir haben hier ein Jugendwohnheim, das Du übernehmen könntest. Zuvor muss der zuständige Oberst noch seine Einwilligung geben. Ich habe schon mit ihm gesprochen. Er möchte Dich persönlich kennenlernen.« Die Adresse war in Zinnowitz auf der Ostseeinsel Usedom. Kurzentschlossen fuhr ich hin, traf Emmi wieder und wurde von ihr gleich zu besagtem Oberst gebracht, von dem die Entscheidung abhing. Er sah mich an und meinte: »Wenn Fräulein Endres Sie empfiehlt, können Sie sofort anfangen.« Ich war überglücklich. Emmi bat mich, draußen auf sie zu warten, sie würde gleich nachkommen. Als ich ins Freie trat, begann plötzlich die Erde zu beben. Instinktiv sprang ich in den Graben neben dem Weg und duckte mich ins Gras. Ich dachte, mein letztes Stündchen hätte geschlagen, doch auf einmal herrschte wieder völlige Ruhe. Ich zitterte noch, als ein Soldat mich anstupste und mit einem Lächeln auf den Lippen sagte: »Fräuleinchen, Sie können wieder aufstehen. Das war nur eine Versuchsrakete.« Erst allmählich wurde mir klar, wohin ich geraten war. Die Heeresversuchsanstalt Peenemünde im Norden von Usedom mit ihren Raketenprüfständen und Abschussrampen sollte durch die dort entwickelten Geheimwaffen Nazideutschland noch zum Endsieg verhelfen. Technischer Direktor der Anstalt war Wernher von Braun.

Ich musste mich und mein Kind ernähren, für Wanda sorgen, also machte ich mir über die Raketen nicht viel Gedanken, sondern ergriff die Gelegenheit beim Schopf, kehrte noch einmal zurück nach Dramburg, packte meine Habseligkeiten und fuhr mit Wanda und meinem kleinen Hansi wieder nach Usedom. Dort kamen wir in der Ortschaft Kölpingsee unter. Im dortigen Kurhaus wohnten etwa fünfzehn junge Mädchen, die in den Büros der Heeresversuchsanstalt tätig waren. Sie waren alle zwischen achtzehn und einundzwanzig Jahre alt, nach damaligem Recht also noch nicht volljährig. Deshalb brauchten sie Betreuung und Aufsicht. Diese Aufgabe fiel mir zu und sie hat mir viel Freude bereitet. Mit den Raketen, die übrigens in Thüringen hergestellt und in Peenemünde getestet wurden, hatte ich zum Glück nicht das Geringste zu tun. Ich lebte in Kölpingsee und beschäftigte mich mit »meinen« Mädchen, während meine Freundin Wanda »unseren« kleinen Sohn betreute. Lilo, eines der Mädchen, für die ich damals zuständig war, schloss ich ganz besonders ins Herz. Wir verloren uns in den Nachkriegswirren aus den Augen, haben uns jedoch später in München wiedergetroffen und stehen noch heute in freundschaftlicher Verbindung.

Um den Jahreswechsel zum letzten Kriegsjahr 1945 tauchte Inge bei mir auf, eines der ehemaligen Lehrmädchen aus dem Laden meines Exmannes. Inge berichtete, dass meine Kinder von Ostpreußen nach Rügen evakuiert worden waren. Für mich war sofort klar, dass ich die Gelegenheit ergreifen musste, um meine Kinder wiederzusehen. In der Silvesternacht machte ich mich mit Inge auf die umständliche Reise. Wir mussten mehrfach umsteigen und kamen schließlich in das Dorf Dumsewitz auf Rügen, das offensichtlich einmal ein Rittergut gewesen war. In den alten Gebäuden waren nun Flüchtlinge aus Ostpreußen untergebracht. Ich betrat eines der Häuser. Im dunklen, langen Gang lief mir plötzlich ein Junge entgegen, den ich in meinen Armen auffing – es war mein Sohn Winhard. Welch eine Freude! Doch es war nicht zu vermeiden, dass ich zugleich auch der Stiefmutter meiner Kinder begegnete. Sie stand da, wütend wie eine Furie, und rief: »Sie haben kein Recht auf Ihre Kinder. Machen Sie, dass Sie wegkommen!« Meine Tochter Irmtraut stand unmittelbar neben ihr und schaute mich mit großen traurigen Augen an. Hätte ich damals gewusst, dass dies das letzte Mal war, dass ich meine Tochter sah, es hätte mir das Herz gebrochen. Aber es ist tatsächlich so gekommen – ich habe Irmtraut niemals wiedergesehen. Sie starb 1973 in der damaligen DDR im Alter von nur fünfunddreißig Jahren an Krebs. Meinem Sohn Winhard bin ich später wieder begegnet und stehe bis heute mit ihm in bester Verbindung. Mein Exmann Leo war zu dieser Zeit übrigens an der Front, von der er nicht zurückkehren sollte. Er war zunächst als vermisst gemeldet, später wurde sein Tod amtlich bestätigt. Er hinterließ seine zweite Frau mit vier Kindern, ihren beiden eigenen Töchtern und meinen beiden Kindern.

Nach dieser aufwühlenden Erfahrung gingen Inge und ich bei Nacht und Nebel zur Bahnstation und fuhren zurück nach Kölpingsee. Als ich einige Zeit später am Strand der Ostsee spazieren ging, meldete sich wieder eine meiner Ahnungen. Ich sah vor meinem inneren Auge einen Brief und wusste in diesem Augenblick, dass er die Todesnachricht meines Halbbruders Erich Wilhelm enthielt. Und so kam es auch. Kurz darauf brachte mir der Postbote ebendiesen Brief. Erich war im Januar 1945 auf dem Rückzug in Ostpreußen gefallen.

In Usedom spürten wir wenig vom Kriegsgeschehen. Ich war sehr zufrieden mit meinem Leben und meiner Aufgabe dort. Obwohl der Winter hart war, liebte ich die schöne Landschaft und das Meer. Ich lebte zurückgezogen in dieser kleinen, abgeschiedenen Welt. Um die Weltereignisse kümmerte ich mich wenig, hoffte jedoch, dass Deutschland den Krieg verlieren würde. Diese Einstellung beruhte auf einem Erlebnis, das ich einmal in einem Zugabteil hatte, in dem außer mir zwei SS-Männer saßen. Sie waren unterwegs nach Russland und unterhielten sich über die glorreiche Zukunft des Reiches. »Wenn uns diese großen Ostgebiete gehören, dann werden wir die Leute dort wie Sklaven halten. Da muss man gut mit der Knute umgehen können«, sagte der eine und lachte. Ich erschrak furchtbar darüber und sagte mir: Wenn das wahr wird, dann wird es die Hölle für uns alle.

Anfang 1945 war jedoch gar nicht daran zu denken, dass Deutschland den Krieg noch gewinnen könnte. Als die Rote Armee immer weiter nach Westen vorrückte, wurde auch die Evakuierung von Peenemünde ins Auge gefasst. Die Raketentechnologie durfte auf keinen Fall den Russen in die Hände fallen. Obwohl ich mit der Raketentechnik nicht das Geringste zu tun hatte, wurde ich zusammen mit Wanda und Hansi bei der Evakuierung mit eingeplant. Eines Tages im März 1945 wurden wir in einen Zug verfrachtet, von dem niemand wusste, wohin er fahren würde. Alle wichtigen Mitarbeiter der Raketenversuchsanstalt saßen darin, eine Reihe anderer blieb jedoch zurück.

Nach langer Fahrt landeten wir in Bleicherode im Südharz und wurden auf verschiedene Dörfer verteilt. Wanda, Hansi und ich bekamen ein Familienquartier in Stöckey bei einem Kleinbauern. Mein Arbeitsplatz – ich war für Büroarbeiten eingeteilt worden – befand sich in dem fünf Kilometer entfernten Weißenhorn. Jeden Morgen und Abend legte ich fortan diese Strecke zu Fuß zurück. Als ich eines Morgens zu meiner Arbeitsstätte kam, hieß es: »Die Amerikaner sind da.« Und tatsächlich waren in der Nähe amerikanische Panzer aufgefahren.

Da ich Wanda, die recht ängstlich war, fest versprochen hatte, bei ihr und Hansi zu sein, wenn die Amerikaner kämen, rannte ich sofort den Weg zu unserem Bauern zurück. Als ich auf der Straße lief, hörte ich immer wieder Schüsse, bis ich merkte, dass ich es war, auf die geschossen wurde. Also sprang ich in den Straßengraben und robbte die letzte Strecke bis zu unserem Dorf durch Gras und Gebüsch. Auch in unserem Dorf waren die Amerikaner schon eingetroffen. Die Leute kamen mit

Eiern, Gebäck und anderen Dingen aus den Häusern, um die GIs günstig zu stimmen.

Unsere Dienststellen wurden fürs Erste geschlossen und so blieb ich zu Hause bei unserem Bauern. In dieser Zeit wurde Hansi furchtbar krank. Er bekam schrecklichen Brechdurchfall. Wir brauchten unbedingt Medikamente für ihn, denn es ging ihm wirklich so schlecht, dass wir um sein Leben fürchteten. Doch die Apotheke war im nächsten Ort und es galt eine strikte Ausgangssperre. Aber ich konnte mein Kind doch nicht einfach sterben lassen! Also bin ich aus dem Haus geschlichen und habe mich auf den Weg gemacht. Überall waren amerikanische Soldaten postiert. Um Bäume herum, durch Gräben hindurch führte mein Weg und ich schaffte es tatsächlich bis zur Apotheke und zurück. Die Medizin, die man mir gab, hat Hansi geholfen, er wurde gesund.

Auch meine Freundin Wanda plagten Sorgen, und zwar um ihren Mann Kurt. Der wusste nicht, wo wir von Königsberg aus hingegangen waren und wohin uns das Schicksal nun verschlagen hatte. Die Post gab es nicht mehr. Wanda sagte: »Er hat eine Schwester in Plauen im Vogtland. Wenn er zurückkommt, findet er uns nie, aber er wird sicher Kontakt mit seiner Schwester aufnehmen.« Da sagte ich spontan: »Da gehe ich hin. Ich finde in Plauen diese Schwester und richte ihr aus, wo wir abgeblieben sind, damit Kurt uns finden kann.«

Gesagt, getan. Mit geliehenen Schuhen und Rucksack brach ich wenig später morgens nach der Sperrstunde auf. Die Frau des Pfarrers gab mir noch ein Stück Speck als Wegzehrung mit. Ich hatte keinen Passierschein und konnte deshalb nicht die Straße benutzen. Ich musste durch die Wälder gehen. Wernher von Braun, der von meinem Vorhaben erfahren hatte, ließ mir noch Briefe für jemanden in Naumburg zukommen, die ich zustellen sollte. Ich kannte ihn noch nicht persönlich, trotzdem war es für mich selbstverständlich, das zu tun. Hin und zurück waren es über vierhundert Kilometer. Ich marschierte und marschierte, immer auf der Hut vor amerikanischen Militärposten. Auf den Landstraßen sah ich ehemalige KZ-Häftlinge in ihren gestreiften Anzügen, auch schwarz gekleidete polnische Widerstandskämpfer mit Maschinenpistolen und natürlich amerikanische Soldaten, aber ich marschierte unbeirrt von alledem weiter. Wenn ich abends in die Nähe eines Dorfes kam, fragte ich die Leute, die auf den umliegenden Feldern arbeiteten: »Sind im Dorf Amis?« Wenn das verneint wurde, ging ich ins Dorf zum Bürgermeister. Dort erhielt ich ein Zettelchen mit einem Namen und einer Adresse, wo ich ein Bett für die Nacht und etwas zum Abendbrot bekommen konnte. Manchmal wurde mir sogar noch ein wenig Wegzehrung für den nächsten Tag mitgegeben. Das alles war unter der Hand sehr gut organisiert.

Als ich nach Naumburg kam, stellte ich fest, dass es unmöglich war, die Saale zu überqueren, weil alle Brücken von den Amerikanern besetzt waren. Ich übernachtete im Freien und fand am anderen Morgen einen alten Bauern, der mich mit seinem Kahn übersetzte. In Naumburg gab ich die Briefe von Wernher von Braun ab, besuchte eine Freundin, die dort lebte, und auch noch Verwandte in der Umgebung. Dann zog ich weiter nach Plauen im Vogtland zur Schwester von Wandas Mann und habe ihr unsere Adresse in Bleicherode hinterlassen, für den Fall, dass Kurt sich bei ihr nach uns erkundigt. Gleich am nächsten Morgen machte ich mich auf den

Rückweg. Ich hatte Glück und wurde ein Stück von einer Lokomotive mitgenommen und später auch von einem Milchwagen. Wanda hatte ich gesagt: »In spätestens zwanzig Tagen bin ich wieder hier, sollte ich dann nicht da sein, kannst du davon ausgehen, dass etwas passiert ist.« Doch ich kam bereits nach zehn Tagen zurück, an einem Abend, die Sperrstunde war schon angebrochen. An diesem letzten Tag meiner Reise war ich etwa sechzig Kilometer gelaufen. Immer wieder bin ich auch auf deutsche Soldaten gestoßen, die sich mir anschließen wollten, doch die waren mir zu langsam; außerdem war es viel zu gefährlich, mit ihnen zu gehen, die Amerikaner flogen nämlich mit dem Fieseler Storch – einem kleinen deutschen Propellerflugzeug, das während des Zweiten Weltkriegs als Sanitäts- und Beobachtungsflugzeug im Einsatz war – über die Wege und Straßen, um deutsche Soldaten auf der Flucht aufzuspüren. Mitten in der Nacht erreichte ich also unbeschadet und guter Dinge unser Heim. Allen Gefahren zum Trotz war diese Reise durch die Thüringer Wälder eine der schönsten Touren meines Lebens. Es war Anfang Mai und überall begann es zu blühen.

Die Amerikaner behandelten uns sehr anständig. Die Kinder bekamen Kaugummi und Schokolade und waren vor allem an den Schwarzen interessiert, denn das war für sie eine nie gesehene Sensation. Wenn einer dieser schwarzen Soldaten mal im Gebüsch verschwinden musste, um seine Notdurft zu verrichten, sind die Kinder immer nachgeschlichen, um herauszufinden, ob denn auch der Popo schwarz sei.

Auf Spionagefahrt

Unsere Zeit in Bleicherode neigte sich dem Ende entgegen. Im Geheimen machte die Nachricht die Runde, dass die Russen nach Thüringen kommen würden und dass man sich verlagern lassen könne. Für nachts um zwei Uhr war ein Lastwagen angekündigt, der alle abholen sollte, die wegwollten. Nach all den schrecklichen Nachrichten, die wir von den russischen Gräueltaten in Ostpreußen und Berlin gehört hatten, war für Wanda und mich klar, dass wir mitfahren wollten. Wir stiegen in den Lkw, der abgeschlossen wurde, und saßen in völliger Dunkelheit, ohne die geringste Ahnung, wohin man uns bringen würde. Schließlich landeten wir östlich von Kassel in Witzenhausen an der Werra. Die Familien wurden in einem Nachbarort einquartiert, die Arbeitenden in Witzenhausen. Wir wurden in den Nebengebäuden einer Schule untergebracht, deren Name für mich wie eine Ironie des Schicksals wirkte: »Kolonial-Schule«. Ich hatte immer auch davon geträumt, eben diese Schule zu besuchen und dann nach Afrika auf eine Farm zu gehen. Wanda und Hansi kamen ins Familienquartier, ich landete im Verwaltungsgebäude, zusammen mit all den leitenden Herren von Peenemünde – Wernher von Braun, Dr. Steinhof, Dr. Grüne, Dr. Schilling und anderen. Sie alle bewohnten mit ihren Familien dieses Haus. Mir war ein großer Raum zugewiesen worden, in dem auch Gerätschaften lagerten, die ich zu »bewachen« hatte. Direktor Rees, der später mit Wernher von Braun in die USA ging, hielt in diesem Raum eine Hängematte bereit, die er am Fensterrahmen und meinem zweistöckigen Eisenbett befestigte. Wenn er in der Hängematte liegen wollte, musste ich zu Bett gehen, sonst hätte die Hängematte nicht gehalten.

Eines Tages lernte ich Wernher von Braun persönlich kennen. Er kam mir auf der Dorfstraße entgegen, und obwohl er mich nicht persönlich kannte, wusste er doch, dass ich zu den »Peenemündern« gehörte. Er trug seinen Arm in einer Armschlinge, denn er hatte einen Unfall gehabt. Er sprach mich an: »Haben Sie Zeit?« Als ich bejahte, erklärte er mir mit einem Seitenblick auf seinen verletzten Arm: »Ich habe nämlich einen Johannisbeerstrauch bei einer Familie geschenkt bekommen und muss die Beeren pflücken. Aber das sind so viele. Können Sie mir dabei helfen?«

Wir gingen also zu dem Busch, Wernher von Braun legte ein schönes Tuch auf den Boden, das er vermutlich von einer seiner zahlreichen Verehrerinnen geschenkt bekommen hatte, und da legten wir die gepflückten Johannisbeeren hinein. Das war der Anfang unserer Freundschaft.

Ich fragte ihn: »Kennen Sie Ulla von Braun?«

»Natürlich, das ist meine Cousine.«

»Sie war in Ostpreußen meine Schulfreundin. Können Sie mir ihre Adresse geben? Ich würde zu gerne wissen, wohin sie verschlagen wurde.«

Wernher von Braun war ein sehr netter Mensch, ein richtiger Sunnyboy. Er ging gerne mit mir spazieren, weil er mit mir über alles sprechen konnte. Ich habe ihm gerne zugehört. Einmal sagte er zu mir: »Mein Traum ist, eine Raumstation zu bauen, um dort die Sonnenstrahlen zu bündeln und als Energie auf die Erde zu schicken.« Ich hatte von Technik freilich keinerlei Ahnung, sagte immer nur »Ja, ja«, wenn er von solchen Dingen sprach, doch es schien ihm zu genügen, dass er bei mir ein bereitwillig offenes, wenn auch unbedarftes Ohr fand. Hin und wieder streiften wir auch über die Felder, um Mohrrüben zu »organisieren«, damit wir unsere schmale Kost etwas aufbessern konnten.

Da ich keine feste Arbeit hatte, begann ich, im Haushalt jener Peenemünder Familien zu helfen, die viele Kinder hatten. Ich bin zeit meines Lebens gerne eingesprungen, wenn Not an der Frau war.

Eines Abends kam Wernher von Braun zu uns. Ich war bereits zu Bett gegangen, doch er weckte mich und sagte: »Wägerin, ich muss Ihnen etwas erzählen. Ich komme gerade aus Frankfurt. Dort habe ich den Speer getroffen *[Albert Speer, führender Architekt im Dritten Reich, ab 1942 Reichsminister, nach dem Krieg Hauptangeklagter bei den Nürnberger Prozessen, wo er zu zwanzig Jahren Gefängnis verurteilt wurde]*. Der Speer hegt große Hoffnungen, dass er für den Wiederaufbau Deutschlands dringend gebraucht wird.« Immer wieder bekam ich solche Besuche und Informationen. Auch Dr. Steinhof kam eines Nachts, weckte mich und sagte: »Wägerin, ich will meinen blinden Bruder in Thüringen abholen. Ich fahre den Wagen selbst, aber könnten Sie nicht mitkommen, um mich wach zu halten, denn ich bin unendlich müde.« Für solche Unternehmungen war ich immer zu haben. Also brach ich mit ihm zu dieser abenteuerlichen Fahrt nach Thüringen auf. Als wir ankamen, sagte ich zu Dr. Steinhof: »Sie gehen jetzt schlafen. Ich wecke Sie, wenn wir alles fertig gepackt haben und abmarschbereit sind.« Er wollte erst nicht, doch ich habe mich durchgesetzt. Ich konnte sehr energisch sein in jener Zeit und da haben dann sogar die hohen Herren pariert. Wir fuhren schließlich mit seinem Bruder, der im Krieg das Augenlicht verloren hatte, und dessen Familie zurück. Auch auf der Rückfahrt fiel mir die Aufgabe zu, Dr. Steinhof wach zu halten.

Wernher von Braun setzte mich auch für diverse Kurierdienste und Sonderaufgaben ein. Eines Tages sagte er: »Die Russen sind noch nicht in Thüringen. Wir müssen da noch ein paar Familien rausholen. Wollen Sie das übernehmen?« Ich stimmte sofort zu. Wir gingen zum Landratsamt, wo er einen Lastwagen mit Fahrer organisierte, und so fuhr ich erneut nach Thüringen, zu verschiedenen Orten, an denen noch die Familien von Peenemünder Ingenieuren saßen. Viele dieser Ingenieure waren in Garmisch-Partenkirchen von den Amerikanern interniert worden und konnten sich selbst nicht um ihre Familien kümmern. Doch manche der Familien glaubten meinen Berichten nicht und wollten nicht mitkommen. Sie waren überzeugt, dass die Russen nie bis Thüringen kommen würden. Andere aber stiegen ein. Wir nahmen auch noch technisches Material mit, das in Bleicherode zurückgelassen worden war, und kehrten mit voll beladenem Lkw zurück.

Ich bin mindestens achtmal auf solchen nicht ungefährlichen Exkursionen in Thüringen gewesen. Wernher von Braun hatte deswegen eine hohe Meinung von mir und wollte mich später auch nach Amerika mitnehmen. Als ihn der amerikanische Betreuungsoffizier fragte, warum er gerade mich mitnehmen wolle, antwortete er: »Zum Einrichten der Unterkünfte für die nachkommenden Familien. Und wir gehen doch in die Wüste von Nevada. Dafür ist sie genau die Richtige. Diese Frau können wir auf ein Pferd setzen und überall hinschicken. Sie kommt an.« Das war seine Meinung von mir. Ich wäre auch bereit gewesen, für eine befristete Zeit, vielleicht für ein Jahr, mit in die USA zu gehen und Wanda mit Hansi hierzulassen, aber dazu kam es nicht.

Eine Reihe von Wissenschaftlern und Technikern aus dem Team von Wernher von Braun sind ihrem Chef nach Amerika gefolgt. Ihnen war klar, dass es ihnen in Deutschland nicht mehr erlaubt sein würde, nach der Entnazifizierung auf ihrem Fachgebiet zu arbeiten. Das hat viele bewogen, die Heimat zu verlassen und sich in den Dienst der Amerikaner zu stellen, die höchst interessiert an der deutschen Raketentechnik waren.

Wernher von Braun war ein sehr attraktiver, gut aussehender Mann, für den viele Frauen schwärmten. Ich jedoch schwor mir: »Ich nicht. Ich bleibe der Kumpel, da habe ich mehr davon.« Eines Tages sagte er zu mir: »Es muss sich jemand um Leutnant Strawbridge kümmern. Er braucht unbedingt jemanden für seinen Haushalt.« Strawbridge war amerikanischer Offizier. Ich schlug vor, von Braun solle doch eine der zahlreichen Sekretärinnen dafür einsetzen, die im Augenblick ohne Arbeit herumsaßen. Aber er fand keine und kam wieder zu mir. Ich stimmte unter der Bedingung zu, dass er dem Amerikaner klarmacht, dass ich nichts mit ihm zu tun haben will, dass er mich in Ruhe lassen muss, dass er nicht versuchen soll, mir an die Wäsche zu gehen. Das tat er dann auch, brachte mich zu diesem Offizier und klärte diese Dinge ganz offen mit ihm – und so arbeitete ich fortan nebenbei bei diesem Offizier. Er war mir viel später einmal sehr nützlich, als ich wieder auf einer Kurierfahrt für Wernher von Braun unterwegs war, diesmal von Landshut nach Cuxhaven, und in Frankfurt festsaß, weil die Züge

nicht verkehrten. Ich ging zum amerikanischen Haupt-
quartier, weil ich wusste, dass Leutnant Strawbridge
dorthin versetzt worden war. Er sollte mir einen Berech-
tigungsschein für den D-Zug verschaffen. Ich sah aus wie
eine Flüchtlingsfrau, mit dunklem Mantel, Kopftuch
und Rucksack. Mit meinem kaum vorhandenen Englisch machte ich den Posten, die mich fragten, ob ich
denn hier übernachten wolle, klar, dass ich nur ein Papier brauche: »I need paper.« Strawbridge konnte mir
den Schein für den D-Zug tatsächlich verschaffen und so
war es mir möglich, nach Cuxhaven weiterzureisen, um
den Auftrag von Wernher von Braun zu erfüllen. Ich
musste einen Mitarbeiter seines Teams treffen, der dort
in einem englischen Lager interniert war.

Bald stand uns schon wieder eine Verlagerung bevor,
und zwar nach Landshut in Bayern. Diesmal begleitete
mich meine Freundin Wanda nicht. Durch Vermittlung
einer Bekannten zog sie stattdessen nach Diestelbruch
bei Detmold. Auch mein Hansi, für den Wanda eher die
»richtige Mutter« war, zog mit ihr und ich versprach:
»Ich komme nach, aber ich muss Geld verdienen.« Ich
half ihnen beim Umzug und beim Einrichten der bescheidenen Bleibe in Diestelbruch, wo wir eine Wohnkü-
che mit angrenzendem kleinen Stübchen zur Verfügung
hatten.

Nachdem das geregelt war, ging ich zunächst mit den
anderen nach Landshut. Dort wurden wir in einer ehemaligen SS-Kaserne untergebracht. Von dort aus sind
Wernher von Braun und seine Mitarbeiter wenig später
in die USA aufgebrochen. Zunächst wollten die Amerikaner nur Wernher von Braun selbst und zwei andere
seiner Mitarbeiter. Sie kamen nach El Paso, wurden dort

jedoch eher kaltgestellt und hatten keine Arbeit. Erst als die Russen 1957 den Sputnik ins All schickten, wachten die Amerikaner auf und von diesem Zeitpunkt an wurde Wernher von Braun sehr gefördert und konnte sich zum Pionier der amerikanischen Raumfahrt aufschwingen. Meine letzte Tour für ihn war jene nach Cuxhaven gewesen, die ich vorhin erwähnt habe. Das Reisen in jenen Zeiten war äußerst schwierig. Wenn man mit dem Zug unterwegs war, kam es nicht selten vor, dass es plötzlich nicht mehr weiterging, weil die Gleise zerstört waren. Dann musste man mitten in der Landschaft mehrere Kilometer laufen bis zu einem anderen Zug. Auch nach Diestelbruch zu Wanda und Hansi bin ich hin und wieder auf solch unbequeme Art gefahren. Meine Zeit in Landshut währte jedoch nur von Mai bis September 1947. Wernher von Braun war zuvor schon zu Besuch in Amerika gewesen, dann 1947 aber nach Landshut zurückgekehrt, um seine Cousine Maria von Quistorp zu heiraten. Als er Deutschland verließ, musste auch ich mich nach etwas Neuem umsehen.

Ich erinnerte mich, dass ich in Königsberg die Bekanntschaft von Familie Müller gemacht hatte, und zwar folgendermaßen: Eine Ärztin, die wusste, dass ich fotografieren konnte, sagte zu mir: »Sie machen doch so schöne Fotos. Gehen Sie bitte mal zu einer Freundin von mir, zu Frau Hanna Müller, die hätte gerne ein paar Bilder von ihren Kindern.«

Das tat ich und machte mit meiner kleinen Kamera die gewünschten Aufnahmen. Danach wurde ich noch ein paarmal von der Familie eingeladen. Prof. Michael Müller, der an der Universität von Königsberg lehrte, war der älteste Sohn von Johannes Müller, einem protestantischen Theologen, Philosophen und Schriftsteller, der 1912 das Anwesen Elmau bei Garmisch-Partenkirchen erworben und dort mit großzügiger finanzieller Unterstützung einer Gönnerin das Schloss Elmau erbaut hatte. Hanna Müller hatte in Königsberg zu mir gesagt: »Falls wir uns aus den Augen verlieren, können Sie uns immer über Schloss Elmau erreichen.«

Nach dem Krieg war Schloss Elmau zunächst Lazarett der amerikanischen Armee, dann aber, bis Anfang der Fünfzigerjahre, unter Verwaltung des bayerischen Staates ein Sammelpunkt für rassisch, religiös und politisch Verfolgte, für Displaced Persons und Überlebende des Holocaust. Ich schrieb also an die Familie Müller in Elmau und bekam umgehend Antwort. Man lud mich zu einem Besuch ein.

In Elmau sah ich zum ersten Mal die Alpen, was für mich ein höchst beeindruckendes Erlebnis war. Schloss und Anwesen liegen in einer unbeschreiblich schönen und malerischen Umgebung zwischen Wäldern und buckeligen Blumenwiesen zu Füßen des Wettersteinmassivs mit seinen schroffen Felswänden. Johannes Müller lebte zu dieser Zeit noch und die ganze Müller-Familie mit etwa vierzig Enkelkindern hatte sich auf das nahe gelegene Müllerhaus und das alte Gut Elmau verteilt. Das Schloss war für die Flüchtlinge und Holocaust-Überlebenden reserviert. Ich blieb einige Tage bei Müllers. Hanna Müller fragte mich, ob ich nicht wiederkommen könne, um ihre Kinder für ein paar Wochen zu betreuen, denn sie müsse unbedingt aus gesundheitlichen Gründen die hohe Lage von tausend Metern über dem Meeresspiegel für eine Weile verlassen. Ich kam also ein zweites Mal und blieb vier Wochen im Müllerhaus. Der alte Johannes

Müller schien von mir angetan und bot mir an, in sein Team einzutreten, wenn er das Schloss wieder in seine Hände bekäme. Doch dazu kam es nicht. Johannes Müller starb 1949, das Schloss wurde aber erst 1951 vom bayerischen Staat an die Familie zurückgegeben. Elmau entwickelte sich danach zu einem Begegnungs- und Ferienzentrum für kulturell und geistig interessierte Menschen, darunter viele berühmte Persönlichkeiten wie beispielsweise Bundespräsident Johannes Rau oder Loriot. Eine besondere Bedeutung hatte das Kulturprogramm. Große Persönlichkeiten der klassischen Musikszene gaben (und geben bis heute) dort Konzerte, Schriftsteller reisen zu Lesungen an und es finden Symposien zu vielfältigen Themen statt. Heute ist Schloss Elmau ein Luxushotel, das als »Spa and Cultural Hideaway« Besucher aus aller Welt anzieht. Doch von alledem war Ende der Vierzigerjahre, als ich in Elmau wohnte, noch nichts zu ahnen. Auch hier waren Lebensmittel knapp, doch einigermaßen satt geworden sind wir alle.

In Elmau lernte ich Paul kennen, einen Lehrer an der deutschen Schule von Santiago de Chile. Er hatte während des Krieges seinen todkranken Vater in Deutschland besucht, durfte jedoch nicht mehr ausreisen, sondern wurde als Deutschstämmiger zur Wehrmacht eingezogen. Nach dem Krieg landete er irgendwie in Elmau und arbeitete dort als Hausmeister im Müllerhaus, um die Zeit bis zu seiner Rückkehr nach Chile zu überbrücken. Er war in Chile verheiratet. Wir mochten uns sehr und so erzählte ich ihm schließlich auch von meinem ungewöhnlichen Plan, zwei Kinder zu haben, ohne eine feste Bindung einzugehen. Ich wusste, dass er bald nach Chile zurückkehren würde ...

Als ich von Elmau zurück nach Diestelbruch zu Wanda und Hansi reiste, war ich schwanger. Auch dort war das Überleben nicht einfach. Ich hatte etwas Land gepachtet, ungefähr vierhundert Quadratmeter, worauf wir Gemüse und Kartoffeln für den Eigenbedarf anbauten. Holz holten wir mit der Axt und dem kleinen Handwägelchen verbotenerweise aus dem Wald und dort haben wir auch Beeren und Pilze gesammelt. Auch von den Bauern, bei denen ich als Hilfskraft arbeitete, erhielt ich Nahrungsmittel. Wanda trug ebenfalls zu unserem Lebensunterhalt bei. Sie erzählte den Dorfkindern Märchen und bekam dafür Butter, Eier und Milch. Es waren immer ungefähr dreißig Kinder um sie versammelt. Ich lebte die meiste Zeit in Diestelbruch, reiste jedoch ab und zu nach Elmau.

Am 5. September 1948 schließlich wurde mein Sohn Martin geboren. Da es keine Fahrgelegenheit gab, ging ich zu Fuß in die sieben Kilometer entfernte Klinik, begleitet von Wanda. Wenn die Wehen kamen, blieb ich stehen, dann gingen wir ein Stück weiter. Nach der Geburt sollte ich den Behörden den Namen des Vaters von Martin angeben, doch das verweigerte ich. Ich wusste, dass man Paul nicht nach Chile ausreisen lassen würde, denn man hätte ihn verpflichtet, hier für sein Kind zu sorgen. Man drohte mir sogar mit Gefängnis, sollte ich mich weiterhin weigern, den Namen zu nennen. Ich fragte: »Wie lange komme ich ins Gefängnis?« – »Zwei bis drei Wochen«, bekam ich zur Antwort. Ich blieb bei meiner Weigerung. Ins Gefängnis steckte man mich trotzdem nicht.

Paul hat sein Kind nie gesehen und ist schließlich unbehelligt nach Chile zurückgekehrt. Wir hatten abgemacht, dass er mir von dort aus die Vaterschaftsanerkennung zuschickt, aber ich hörte lange Zeit nichts von ihm. Da las ich in einer Zeitung zufällig den Bericht eines Journalisten über Santiago und diesem Journalisten, der in Chile lebte, schrieb ich einen Brief mit der Frage, ob er nachforschen könne, ob Paul angekommen sei. Auf den Umschlag konnte ich nur den Namen des Journalisten und die Stadt Santiago schreiben, aber der Brief kam an. Der Journalist hat sich dann tatsächlich die Mühe gemacht, Nachforschungen anzustellen. Der Bericht, den er mir zukommen ließ, war allerdings nicht sehr ermunternd. Paul musste als Deutscher eine recht schwierige Zeit durchmachen, hatte keine Arbeit, ließ aber vom Konsulat die Vaterschaftsanerkennung ausfertigen und nach Deutschland schicken. Wir hatten dann eine Weile direkten brieflichen Kontakt. Es war immer sein Wunsch gewesen, wieder nach Deutschland zu kommen, doch er starb an einem Herzinfarkt, bevor er diesen Plan verwirklichen konnte. Die deutsche Botschaft teilte mir sein Ableben mit und gab mir den Hinweis, doch Halbwaisengeld für meinen Sohn zu beantragen, was ich auch tat. So erhielt ich ein klein wenig zusätzliches Geld für unsere äußerst knappe Haushaltskasse. In dieser Zeit bot mir das Sozialamt öfter an, ich solle nicht länger arbeiten gehen, weil ich doch zwei Kinder hätte, sondern stattdessen Sozialunterstützung beziehen, was ich immer abgelehnt habe, denn ich wollte arbeiten und habe mein ganzes Leben lang vom Sozialamt nie einen Pfennig Geld angenommen.

Ich bekam Arbeit in einer Pfeifenfabrik in Detmold, die jedoch bald in Konkurs ging. Anschließend war ich in einer Möbelfabrik und musste als Hilfsarbeiterin Fur-

niere zuschneiden und ähnliche einfache Arbeiten ausführen. Ich habe mir – auch später – den nicht immer an-
genehmen Arbeitsalltag stets dadurch erleichtert, dass
ich irgendetwas Erfreuliches in den Dingen entdeckte,
mit denen ich umging. In der Möbelfabrik beispielsweise war es die Schönheit der Holzmaserungen auf den
Furnieren, an der ich große Freude hatte.

In der Zwischenzeit war auch Wandas Ehemann Kurt
zu uns gestoßen. Er war in Dänemark interniert gewesen
und hatte unsere Bleibe in Diestelbruch ausfindig gemacht. Er war zu dieser Zeit schon über siebzig Jahre alt,
ein Anthroposoph, der früher in Königsberg beim Statis-
tischen Landesamt gearbeitet hatte. Er war ein sehr ge-
lehrter Mann, der Latein, Hebräisch, Griechisch und andere Sprachen beherrschte und in seiner Freizeit
Bibel-Übersetzungen anfertigte. Er wohnte nun mit in
unserem kleinen Haushalt und arbeitete als Hilfsarbeiter
in einer Möbelfabrik, um zu unserem Lebensunterhalt
beizutragen und trotzdem genug Zeit für seine Studien
zu haben. Er liebte meine Kinder sehr und war zu ihnen
wie ein Vater.

Doch es kam zu einigen privaten Verwicklungen, die
einen völlig neuen Lebensabschnitt für mich ankündig-
ten. Wanda erkrankte an Brustkrebs, wurde operiert und
entdeckte in sich, vielleicht durch die hormonellen Veränderungen aufgrund der Operation, neue Neigungen:
Sie wurde lesbisch und verliebte sich in die Krankenschwester, von der sie betreut wurde. Hätte zu dieser
Zeit eine Frau zu ihr gesagt: »Komm zu mir«, so hätte
sie ihren Mann und alles andere im Stich gelassen und
wäre gegangen. Es war eine sehr schwierige Phase für
uns alle. Kurt war sehr betroffen. Als ich bemerkte, dass

er begann, auf mich ein Auge zu werfen, wurde mir klar: Es war Zeit für mich zu gehen.

Also löste sich unser kleines Nest in Diestelbruch auf. Wanda und Kurt zogen nach Detmold und haben schließlich doch ein gutes und zufriedenes Leben miteinander geführt. Kurt wurde über neunzig Jahre alt. Ich besuchte sie immer wieder, und auch meine Kinder, die sehr an Wanda hingen, die ihnen über viele Jahre weit mehr als nur Ersatzmutter gewesen war, verbrachten später ihre großen Ferien stets in Detmold. Vor allem für Hans hatte Wanda über viele Jahre die eigentliche Mutterrolle ausgefüllt.

Aufbruch in den Süden

Ich wollte wieder unabhängiger leben und bewarb mich auf eine Anzeige in der Ostpreußen-Zeitung. Ein verheirateter Dichter aus Kaufering bei Landsberg suchte eine Frau mit Kind für den Haushalt. Ich bewarb mich und wurde zu einem Besuch eingeladen. Also packte ich meine paar Habseligkeiten und fuhr mit den Kindern nach Kaufering. Hans war zu der Zeit acht Jahre alt und ging schon zur Schule, Martin war vier. Ich bekam die Stelle.

Die Gegend, in der ich nun wohnen sollte, war wunderschön. Wir lebten mitten in einem Naturschutzgebiet am Lech im kleinen Schloss eines Barons. Dort bewohnten meine Hausleute und ich mit meinen Kindern die obere Etage. Ich führte den Haushalt der Familie. Es waren sehr liebe Menschen. Meine Arbeitszeit war von 6 bis 22 Uhr, ich verdiente 30 Mark im Monat und hatte Unterkunft und Verpflegung für meine Kinder und mich frei.

Es war Herbst, als ich diese Stelle antrat, um Weihnachten herum hatte ich jedoch plötzlich die Eingebung: Kündige zum 1. August. Das tat ich auch, sehr zur Verwunderung meiner Hausfrau, die nicht verstehen konnte, dass ich acht Monate im Voraus meine Kündigung aussprach, ohne zu wissen, was dann auf mich wartete.

Indes bekam mein Sohn Hans Schwierigkeiten in der Schule. Zum einen, weil er evangelisch war, und zum anderen, weil der Religionslehrer allen Kindern von sechs bis vierzehn Jahren dieselben Aufgaben stellte und die Kinder extrem viel auswendig lernen mussten, was meinem kleinen Hans sehr schwerfiel. Ich suchte das Gespräch mit dem Pfarrer, der aber gab mir zu verstehen: »Bevor ich überhaupt mit Ihnen rede, kommen Sie erst mal am Sonntag in die Kirche.«

Ich antwortete: »Sie stehen auf der Kanzel und werden dafür bezahlt, ich aber muss am Sonntagvormittag für die ganze Familie kochen, denn dadurch verdiene *ich* meinen Lebensunterhalt.«

Da meinte er, wenn ich den lieben Gott nur richtig bitten würde, so würde sich auch eine Möglichkeit für mich finden, sonntags in die Kirche zu gehen.

Ich fand das so unmöglich, dass ich meinen Sohn vom Religionsunterricht befreien ließ, und als ich später aus der Kirche austrat, war die Erinnerung an dieses Gespräch einer der Gründe für meine Entscheidung.

In der Zwischenzeit bemühte ich mich, eine andere Arbeit zu finden, was zunächst unmöglich schien. Als einziger Lichtblick in dieser schwierigen Phase erwies sich eine Schwester, die in einem katholischen Kinderheim der Caritas in Utting am Ammersee arbeitete. Sie hatte Mitleid mit mir und bot mir an, ich könne die Kinder für ein Vierteljahr bei ihr unterbringen, falls das nötig sein sollte. Ich war eines Tages einfach mit dem Fahrrad nach Utting gefahren, weil jemand mir gesagt hatte, dass dort ein Kinderheim sei. Vielleicht, so hatte ich mir überlegt, gibt es dort Arbeit für mich. Auch Emmi, die alte Freundin, die mir die Stelle in Peenemünde verschafft hatte, bot mir an: »Wenn du nicht mehr weißt, wohin, kannst du zu mir kommen.« Sie wohnte in Weißenburg in Bayern in einer Wohnung in der Schanzmauer, die so niedrig war, dass man den Kopf einziehen musste, wenn man durch die Tür eintrat. Diese beiden Angebote waren das Einzige, was ich hatte, als der 1. August, der Termin meiner Kündigung, immer näher rückte. Doch Mitte Juli zeigte mir jemand den Anzeigenteil einer Zeitung und sagte: »Hier ist die Stelle für Sie.« Tatsächlich suchte jemand in München eine Hausdame mit Kind. Ich schrieb hin und nach einigen Tagen kam der adelige Herr, der die Anzeige aufgegeben hatte, persönlich nach Kaufering, um uns in Augenschein zu nehmen. Er war sehr angetan und sagte: »Kommen Sie nächsten Sonntag nach München, um sich alles anzusehen.«

Das tat ich. Die Wohnung des Adeligen lag in Bogenhausen, einem vornehmen Münchner Viertel. Das ganze dreistöckige Haus gehörte ihm, er bewohnte eine große Wohnung, die anderen Wohnungen hatte er vermietet. Zum Haus gehörte ein schöner Garten mit Swimmingpool. Ich sagte zu. Drei Tage vor dem 1. August rief der Herr an und meinte: »Schicken Sie mir doch den Hans vorab schon mal her. Der hat noch gar keine Ferien gehabt. Ich könnte mit ihm noch ein wenig in die Berge gehen.« In diesem Augenblick bekam ich furchtbare Angst, doch alle anderen in meiner Umgebung drängten mich:

»Nun gönne dem Jungen doch ein wenig Urlaub.« Also setzte ich Hans in den Zug und schickte ihn nach München, obwohl ich von großer Unruhe ergriffen war. Ich folgte drei Tage später mit einem kleinen Lkw. Mir fiel ein Stein vom Herzen, als mir bei meiner Ankunft in München Hans fröhlich und vergnügt entgegenkam. Der adelige Herr wollte Hans jedoch gleich am nächsten Tag wieder mitnehmen, diesmal für vier Wochen Urlaub in Italien. Nun aber sagte ich Nein. Mein anderer Sohn Martin war gegen den Herrn von Anfang an instinktiv sehr abweisend. Ein paar Tage später ging ich zur Polizei, um meinen Wohnsitz umzumelden. Als ich zurückkam, war Martin verschwunden. Mein Arbeitgeber sagte: »Er war böse, also habe ich ihn in den Kohlenkeller gesperrt.« Tatsächlich hockte der kleine Martin völlig verängstigt in dem finsteren Kohlenkeller.

Die nächsten vier Wochen waren für uns eine schöne Zeit, denn der Herr fuhr allein nach Italien in Urlaub. Ich hatte entsprechend wenig im Haushalt zu tun und konnte mich voll und ganz den Kindern widmen. Wir wohnten in einem Zimmer im Souterrain, sollten später aber nach oben in die Wohnung des Herrn ziehen. Im Augenblick war das noch nicht möglich, weil dort eine Rechtsanwältin einquartiert war. München war zu dieser Zeit eine Ruinenstadt und die Behörden wiesen die ausgebombten Menschen in heil gebliebene Wohnungen ein. An meinem Geburtstag, im August 1952, sagte diese Rechtsanwältin zu mir: »Ich werde nicht ganz klug aus Ihnen. Entweder machen Sie gemeinsame Sache mit dem Herrn von XX oder Sie wissen tatsächlich nicht, was hier gespielt wird.« Ich sagte ihr, dass ich etwas Merkwürdiges spürte, es mir jedoch nicht recht erklären könne.

Darauf schenkte sie mir reinen Wein ein: »Er ist homosexuell und pädophil und kommt gerade aus dem Untersuchungsgefängnis. Er wurde freigesprochen. Als er mit Ihrem Hans, mit diesem hübschen blonden Jungen, hier ankam, da sagten wir alle im Haus: Um Gottes willen, jetzt hat er ein neues Opfer gefunden. Früher hat er immer wieder zwei Waisenkinder zu sich eingeladen und den Swimmingpool im Garten hat er nur bauen lassen, damit er dort Kinder beobachten kann.«

Kaum hatte sie mich über diese Dinge aufgeklärt, als ich den Herrn kommen hörte. Er sagte, er sei wegen meines Geburtstags einen Tag früher aus Italien zurückgekommen, um mir zu gratulieren und uns alle in den Tierpark einzuladen. Mit gemischten Gefühlen begleitete ich ihn und die Kinder in den Münchner Tierpark Hellabrunn. Dort begannen die Kinder wegen irgendeiner Kleinigkeit zu streiten und der Herr sagte: »Der eine (er meinte Martin) ist ein Teufel, der andere (Hans) ein Engel. Und der Hans, der kommt jetzt mit mir mit.« Da ergriff ich die Gelegenheit und erwiderte: »Ich habe zwei Kinder, die ich beide sehr liebe. Da ist nicht der eine ein Teufel. Am besten fange ich gar nicht erst an, für Sie zu arbeiten.«

Wir kamen überein, dass ich noch eine Weile im Souterrain seines Hauses wohnen bleiben konnte, ihm dafür aber die Wäsche besorgen musste. Das Wichtigste aber war mir, meine Kinder in Sicherheit zu bringen. Ich griff wieder einmal auf gute alte Kontakte zurück. Ein Freund aus Königsberg, der jetzt in Hannover lebte, hatte mir eine Karte geschrieben: »Wenn Du in München mal in Not kommst, wende Dich an Frau Pieper, die kannst Du um Rat fragen.« Diese Frau Pieper rief ich nun an. Sie arbeitete im Münchner Prominentenvorort Grünwald als Hausdame für die Besitzer eines großen Ladengeschäfts am Rathaus. Ich fuhr zu ihr nach Grünwald und schilderte ihr meine Situation. Wir waren uns sofort sympathisch. Ihr Vater war in unserem ostpreußischen Städtchen Rastenburg Landrat gewesen. Ich konnte mich an den alten Herrn Pieper sogar noch erinnern. Und ihre Schwester war mit dem Dichter Joachim Ringelnatz verheiratet.

Sie sagte zu mir: »Das Dringendste ist – das Kind muss sofort dort weg.« Sie besorgte mir sogleich über eine Freundin einen Platz für Hans in einem Kinderheim des Paritätischen Wohlfahrtsverbandes in Regensburg. Leider war es ein ziemlich schreckliches Heim, in dem die Schwestern den Kindern immer wieder drohten: »Ihr werdet nicht mehr abgeholt.«

Mein Hans aber hatte Vertrauen zu seiner Mutter und antwortete: »Meine Mutti hat gesagt, dass ich bis Weihnachten wieder bei ihr bin, und wenn die das sagt, dann ist das auch so.« Wegen Martin rief ich Wanda und Kurt in Detmold an. Die beiden kamen per Anhalter nach München und holten Martin zu sich.

Als das erledigt war, brachte ich dem Herrn seine Wäsche. Er fragte: »Wo ist Hans?«

»Der ist weg.«

»Wann kommt er wieder, um mich zu besuchen?«

»Nie mehr.«

Da ahnte er plötzlich, dass ich über ihn Bescheid wusste, und begann zu toben. Er steigerte sich in einen Wutanfall hinein, trampelte in der Wohnung herum und warf mit Stühlen.

Am Tag darauf ging ich zum Arbeitsamt und wurde zu

Siemens vermittelt. Ich bekam eine Stelle als Akkordarbeiterin in der Kabelformerei. Eine Bekannte aus der anthroposophischen Christengemeinschaft half mir dabei, ein Zimmer für mich in Schwabing zu finden, und so bin ich schließlich aus dem Haus des adeligen Herrn in Bogenhausen ausgezogen.

Die Arbeit im Akkord war sehr hart. Man konnte nicht zur Toilette gehen und während der Arbeit nichts essen. Aber so wie ich Freude an meiner Arbeit in der Möbelfabrik gefunden habe, indem ich die Schönheit der Holzmaserungen betrachtete, so erfreute ich mich jetzt an den vielen bunten Drähten, die im Akkord gebunden werden mussten. Und rechtzeitig zu Weihnachten konnte ich meinen Hans aus dem Kinderheim holen, denn eine Cousine von mir hatte eine größere Wohnung zugewiesen bekommen, weil sie mich beim Amt als Pflegetochter angegeben hatte. Ich zog zu ihr und wir hatten ein wunderschönes Weihnachten mit meinem Hänschen und Martin, den Wanda aus Detmold zu mir gebracht hatte. Da machte es auch nichts aus, dass im Haus noch keine Geländer an den Treppen und die Wände noch feucht waren. Dort blieb ich vier Jahre lang wohnen.

Die Angelegenheit mit dem adeligen Herrn aus Bogenhausen aber verfolgte mich. Eines Tages rief eine Freundin aus Elmau an und sagte: »Du hast mir doch diese Geschichte mit diesem Adeligen und deinen Söhnen erzählt. Ich habe genau die gleiche Geschichte jetzt hier im Schloss gehört. Eine Gräfin arbeitet hier, die sich mit ebendiesem adeligen Herrn verlobt hat. Dieser Frau musst du helfen.«

Ich gab ihr zu verstehen, dass ich von der Sache nichts

mehr wissen wolle. Doch als meine Freundin berichtete, dass die Gräfin einen vierjährigen Sohn habe und der adelige Herr sie mit allen möglichen Versprechungen dränge, das Kind doch zu ihm zu schicken, ließ ich mich überreden, diese Gräfin zu treffen und sie über ihren Verlobten aufzuklären. Sie war schockiert, nahm den Verlobungsring vom Finger und schickte ihn per Post zurück.

Schließlich wurde der adelige Herr von der Mütterschule angezeigt und ich bekam eine Vorladung bei der Kriminalpolizei als Zeugin. Ich ging mit meinen beiden Kindern hin. Martin konnte gar nichts sagen, aber als die Beamten mit Hans sprachen, kamen plötzlich völlig andere Dinge ans Licht, als ich seinerzeit von ihm erfahren hatte. Er berichtete, dass er nackt bei dem Herrn habe schlafen müssen und dass er beim Bergsteigen nie mit der Seilbahn fahren durfte, sondern immer laufen musste und der Herr ihm dann stets an den Lenden »die Drüsen gefühlt habe, ob die geschwollen seien durch die Anstrengung«, und Ähnliches mehr. Zur gleichen Zeit wurde in München ein Kind ermordet. Die Polizei nahm die amtsbekannten Verdächtigen fest, musste aber alle wieder laufen lassen. Nur »mein« adeliger Herr blieb aufgrund der Anzeige der Mütterschule in Untersuchungshaft. Mit dem Mord hatte er nichts zu tun, aber es wurde ihm wegen seiner pädophilen Aktivitäten der Prozess gemacht. Hans und ich wurden als Zeugen geladen. Ich habe alles versucht, um zu verhindern, dass mein Kind vor Gericht aussagen muss. Aber schließlich fügte ich mich und unterrichtete mich bei Freunden, wie das bei Gericht so abläuft, wo wer sitzt und so weiter. Das habe ich dann auch Hans erzählt, damit er sich zumindest etwas zurechtfinden kann. Der adelige Herr hatte zwei Anwälte – einen alten, der schon ein wenig trottelig war, und eine strenge Frau, die dafür bekannt war, dass sie immer wieder Pädophile verteidigte. Sie sah ein wenig aus wie eine Hexe und die Kinder, die als Zeugen auftreten mussten, hatten schreckliche Angst vor ihr. Ich schärfte meinem Hans ein, dass er dieser Frau überhaupt nicht antworten müsse, sondern nur dem Richter.

Die Verhandlung begann morgens um zehn Uhr und dauerte bis vier Uhr nachmittags. Hans stand mit seinen zehn Jahren blass, aber aufrecht vor dem Richter und machte seine Aussagen. Im Verlauf dieses Prozesses erfuhr ich auch, dass der Herr seine Zeitungsannonce für die Hausdame mit Kind aus dem Gefängnis heraus aufgegeben hatte. Es waren über achthundert Anfragen gekommen, zwanzig davon waren in die enge Wahl gekommen, darunter ich, und nachdem er von diesen zwanzig ein grafologisches Gutachten eingeholt hatte, fiel seine Wahl auf mich. Außerdem hatte ich zwei kleine Söhne, was mich für ihn besonders attraktiv machte. Der Richter fragte ihn noch: »Hatten Sie vielleicht auch vor, Frau Wäger zu heiraten?« Er bejahte und meinte, er würde das auch jetzt noch tun, denn ich hätte einen so ähnlichen Gang wie der Hans. Er wurde zu einem Jahr Gefängnis verurteilt und verlor auch seinen Posten als Regierungsrat beim Patentamt.

Mein Arbeitgeber Siemens hatte Verständnis für meine schwierige Lage und schickte mich für drei Wochen in Kur an den Königssee. Doch als ich zurückkam, fand ich zu meiner Bestürzung einen Brief vom Gericht vor: Einspruch. Berufung. Nochmalige Verhandlung und nochmalige Vorladung von Hans und mir als Zeugen. Es blieb uns nichts anderes übrig – wir mussten diese unangenehme Prozedur noch einmal über uns ergehen lassen. Der Angeklagte versuchte den Prozess in die Länge zu ziehen, indem er über Rückenschmerzen klagte, nach einem Arzt verlangte und Ähnliches. Kurz vor der Mittagspause kam der Staatsanwalt zu mir, drückte mir zwanzig Mark in die Hand und sagte: »Jetzt gehen Sie mit Ihrem Jungen gut essen.« Wir saßen dann tatsächlich in einem feinen Restaurant in der Nähe des Gerichts. Hans hat mit großem Appetit zwei Schnitzel hintereinander verspeist und sich sehr daran gefreut, dass unser Essen unter silbernen Servierhauben aufgetragen wurde. Am Nachmittag ging die Verhandlung weiter. Das Urteil wurde bestätigt. Danach habe ich nie wieder von diesem adeligen Herrn gehört, der mir und den Kindern so viel Leid verursacht hat.

Da ich seit meiner Zeit in Königsberg immer wieder mit Anthroposophen zu tun gehabt hatte, meldete ich Martin in der Waldorfschule an. Hans ging bereits in die städtische Volksschule. Dann wurde mir klar, dass ich die Waldorfschule von meinem geringen Lohn nie würde bezahlen können, doch ich begegnete jemandem von der Christengemeinschaft, der zu mir sagte: »Nein, am Geld darf das nicht scheitern. Ich mache Ihnen einen Termin und Sie sprechen mit der Lehrerin. Dann sehen wir weiter.« Also habe ich in der Waldorfschule, die damals in Schwabing in einer Baracke untergebracht war, meine Geschichte erzählt und verschwieg nicht, dass beide Jungen noch verstört seien von ihren Erlebnissen mit dem pädophilen Herrn. Auch Martin litt noch unter seiner Bestrafung im dunklen Kohlenkeller. Man bot mir an, Martin für nur fünf Mark Schuldgeld im Monat in die erste Klasse aufzunehmen. Als ich beglückt von diesem Angebot die Schule verließ, begegnete ich vor dem Ausgang einer anderen Lehrerin, die aus Ostpreußen stammte und die ich kannte. Ich erzählte ihr, dass man Martin angenommen habe, und darauf sagte sie: »Und ich brauche in meiner Klasse noch einen, der in Königsberg geboren ist; ich nehme Ihren anderen Sohn auch für fünf Mark auf.« Auf diese Weise besuchten fortan meine beiden Söhne die Waldorfschule. Martin hat dort sein Abitur gemacht und anschließend an der Technischen Universität studiert. Er wurde Diplomingenieur für Elektrotechnik. Hans absolvierte die Mittlere Reife und hinterher eine Ausbildung zum Möbelschreiner bei den renommierten Vereinigten Werkstätten.

Zur Christengemeinschaft hatte ich damals ein recht enges Verhältnis. Dort fand ich eben die menschliche Wärme und tätige Nächstenliebe, die ich in der kalten dogmatischen Amtskirche stets vermisst hatte. Wie selbstverständlich steuerte man mir später, als ich meine eigene Wohnung bezog, über Jahre hinweg einen Zuschuss zur Miete bei und hin und wieder kam jemand bei mir vorbei und sagte: »Sie brauchen Hilfe. Ich habe einen Koffer mitgebracht. Packen Sie alles hinein, was zu nähen und zu stopfen ist, in einer Woche bringe ich es Ihnen wieder vorbei.«

Ein Mitglied der Christengemeinschaft verhalf mir auch zu einem besseren Job bei Siemens. Zwei Jahre lang arbeitete ich im Akkord. Obwohl ich keine Ausbildung und keine Zeugnisse vorzuweisen hatte, wurde ich einem Herrn Gerlach für einen Bürojob empfohlen. »Gut, probieren wir es«, meinte der und fortan arbeitete ich im Personalbereich der Abteilung für Außenmontage. Diese Abteilung war für die Monteure und Ingenieure zuständig, die bei Siemens-Projekten im Ausland eingesetzt waren. Natürlich lief in meinem Berufsleben nicht alles immer so glatt. Es kam auch zu unschönen Zwischenfällen, etwa als man die Stelle, die ich ausfüllte, in meiner Abwesenheit zwei Männern übergab, die dann doppelt so viel verdienten wie ich. Man schickte mich in Kur, und als ich zurückkam, saßen diese Männer in meinem Büro, obwohl mein Chef mir vorher versprochen hatte, dass alles so bleiben würde wie gehabt. Dabei war selbst mit dem Betriebsrat bereits abgesprochen, dass man mich irgendwo anders hin versetzen würde, damit ich diesen beiden Männern nicht in die Quere käme. Obwohl die beiden mich immer wieder mobbten und einige Male auch fällige Gehaltserhöhungen für mich verhinderten, bin ich der Abteilung treu geblieben und habe nebenher noch meiner sozialen Ader freien Lauf gelassen, indem ich den Familien half, deren Männer als Monteure im Ausland waren und die mich um Rat und Hilfe baten.

In meiner knappen Freizeit lebte ich mit meinen Kindern ein bescheidenes Familienleben. Vier Jahre wohnten wir bei meiner Cousine in Sendling in einem Zimmer, dann bekam ich meine erste eigene Wohnung – städtisch geförderter Wohnungsbau, zwei Zimmer, vierzig Quadratmeter. Zehn Jahre wohnte ich dort, bis man schließlich die Miete verdoppeln wollte und ich mir dringend etwas Neues, meinem nicht gerade üppigen Gehalt Angemessenes suchen musste. Schließlich wurde mir die Wohnung in der Mauthäuslstraße, in der ich heute noch lebe, angeboten. Sie befand sich noch im Rohbau, aber ich griff sofort zu, denn die Wohnung hatte zwei getrennte Zimmer, was bedeutete, dass Martin, der noch bei mir wohnte, seinen eigenen Raum haben konnte. Hans war zu dieser Zeit schon aus dem Haus. 1969 bin ich in diese Wohnung eingezogen, in der später auch meine ganze Arbeit für Tibet stattfinden sollte. Mein lebhaftes Interesse für Tibet war schon Jahre vor diesem Umzug wieder aufgeflammt.

Kapitel 3

Faszination Tibet

Die »Traumreise« nach Indien

Der Lotteriegewinn

Mein Interesse für Tibet hatte bereits in Königsberg begonnen, als ich Bücher von Sven Hedin und anderen frühen Zentralasien-Reisenden aus der Bibliothek holte. In München knüpfte ich an mein Lieblingsthema an. Siemens verfügte über eine gut ausgestattete Mitarbeiter-Bücherei, und wann immer ich etwas Zeit erübrigen konnte, besorgte ich mir dort Lektüre über Tibet und den Himalaya. Auch begann ich, in Antiquariaten oder auf dem bekannten Münchner Trödelmarkt »Auer Dult« nach Büchern über Tibet zu stöbern, die damals noch sehr günstig zu haben waren. Eine befreundete Familie hatte mich auf diese Idee gebracht, indem sie mir einige antiquarische Tibet-Bücher zukommen ließ, darunter ein sehr altes von 1890 über frühe Tibet-Forscher. Diese Bände bildeten den Grundstock meiner heute sehr umfangreichen Büchersammlung über den tibetischen Kulturkreis.

In der Siemens-Bibliothek arbeitete eine Freundin von mir. Sie stammte aus Ostpreußen und reservierte stets alle neu hereinkommenden Tibet-Bücher für mich. Das ging eine Weile gut, doch eines Tages erschien ein Mann in meinem Büro, stellte sich als Herr Lauf vor und sagte in ziemlich unfreundlichem Ton: »Warum kriegen Sie die Tibet-Bücher eigentlich immer vor mir? Immer wenn ich ein Buch hole, steht bereits Ihre Lesenummer in der Karteikarte. Nun habe ich mich mal erkundigt, wer sich hinter dieser Nummer verbirgt, und ich möchte wissen, was Sie da eigentlich interessiert. Buddhismus? Oder Land und Leute? Oder was?«

»Mich interessiert einfach Tibet«, gab ich ihm zur Antwort. »Rundherum alles, was dazugehört.«

Da wurde er etwas zugänglicher und berichtete: »Ich lerne in meiner Freizeit Tibetisch und will unbedingt noch einmal nach Indien fahren, um Fotoaufnahmen zu machen für Bücher und um Belehrungen von buddhistischen Meistern zu erhalten, bevor die Chinesen noch weiter vordringen. Aber mir fehlen dafür noch tausend Mark.«

Ich dachte mir, dies sei eine gute Sache und es müsse doch möglich sein, diese tausend Mark irgendwie aufzutreiben. Also begann ich, bei verschiedenen Leuten, von denen ich wusste, dass sie Geld hatten, herumzufragen, ob sie nicht etwas zur Reise des Herrn Lauf beisteuern könnten. Aber niemand gab mir auch nur einen Pfennig. Ich selbst besaß nichts, denn mit meinem kleinen Gehalt kam ich gerade eben mit dem Nötigsten für meine Kinder und mich über die Runden. Ich sagte zu meinem Sohn Martin: »Die Tibeter sollen doch übernatürliche Kräfte haben, und wenn das stimmt und der Herr Lauf tatsächlich nach Indien fahren soll, dann kriege ich auch das Geld zusammen.«

Ungefähr drei Monate lang dachte ich jeden Tag daran, bis eines Tages ein Brief von der Süddeutschen Klassenlotterie kam, in dem mir mitgeteilt wurde, dass mein Achtellos das Große Los der Woche und damit 12 500 Mark gewonnen hatte. Das war für die damalige Zeit und vor allem für meine persönlichen finanziellen Verhältnisse eine geradezu unglaubliche Summe Geldes. Rückschauend kann ich sagen, dass dieser Lotteriegewinn im Jahr 1964 tatsächlich mein Leben verändert hat, weil er meinen Kindern und mir einen deutlichen Zugewinn an Lebensqualität verschaffte. Zunächst aber rief ich Herrn Lauf an und sagte: »Sie können fahren. Die tausend Mark bekommen Sie von mir.« Auch wenn ich nur tausend Mark in der Lotterie gewonnen hätte, ich hätte sie für seine Reise gegeben. Es war außerdem möglich, ein tragbares Tonbandgerät für ihn aufzutreiben, und auch seine Frau konnte in seiner Abwesenheit mit Lebensmitteln unterstützt werden. Herr Lauf brach also auf dem Landweg nach Indien auf. Ich aktivierte die Siemens-Mitarbeiter in Persien und Afghanistan, zu denen ich dank meiner Arbeit in der Abteilung für Außenmontage guten Kontakt hatte: »Ihr müsst ihm helfen, wenn er durch eure Länder kommt.«

Nach ungefähr drei Monaten kehrte er zurück und brachte zwei Patenbriefe von tibetischen Flüchtlingen mit. Die Tibeter im indischen Exil bemühten sich auf diese Weise um private Unterstützung von Menschen aus den westlichen Industrienationen.

Das Schicksal der Tibeter

Über Tibet selbst gab zu dieser Zeit so gut wie keine Nachrichten. Es war in der westlichen Welt nahezu unbekannt, dass Tibet die schlimmste Zeit seiner langen Geschichte durchlitt. Von der Flucht des Dalai Lama hatte man noch aus der Presse erfahren, aber was in Tibet weiterhin geschah und wie es den tibetischen Flüchtlingen erging, das drang kaum in den Westen. Im März 1959 war der Dalai Lama vor den chinesischen Invasoren ins indische Exil geflüchtet und nach seiner Flucht begann die chinesische Unterdrückung in Tibet die schlimmsten Formen anzunehmen. Unmittelbar nach der Flucht des Dalai Lama wurden Tausende von Tibetern, die vor seinem Sommerpalast ausgeharrt hatten, von der chinesischen Armee niedergemetzelt – Männer, Frauen und Kinder. Zugleich brach in Tibets Hauptstadt Lhasa ein bewaffneter Volksaufstand los. Mehrere Tage lieferten sich die tibetischen Widerstandskämpfer, unterstützt von vielen Einwohnern Lhasas, erbitterte Gefechte mit den chinesischen Besatzern. Die Volksbefreiungsarmee schlug den Aufstand mit äußerster Brutalität nieder. Die medizinische Hochschule auf dem heiligen Berg Chakpori gegenüber dem Potala wurde von chinesischen Bomben dem Erdboden gleichgemacht, auch zahlreiche Klöster und Tempel wurden in dieser ersten Welle hemmungsloser Gewalt zerstört. Wieder kamen Tausende von Tibetern ums Leben oder wurden verwundet. Tausende andere verschwanden in Foltergefängnissen und Arbeitslagern.

Indes verbreitete sich die Nachricht von der Flucht des Dalai Lama in Tibet wie ein Lauffeuer. Zehntausende von Tibetern – Bauern, Nomaden, Mönche, Adelige – machten sich in den folgenden Wochen und Monaten auf den Weg über den Himalaya, um dem Dalai Lama ins indische Exil zu folgen, darunter fast die gesamte geistige Elite des Landes. Für sie war es schlichtweg undenkbar, in einem Tibet ohne Dalai Lama zu leben. Obwohl Indien, das erst 1947 die Unabhängigkeit von

England erlangt hatte, selbst noch mit großen Problemen zu kämpfen hatte, nahm es die tibetischen Flüchtlinge mit offenen Armen auf. Nach einem Jahr in Mussoorie, das der Dalai Lama selbst als »ein verzweifeltes Jahr« bezeichnet, siedelte sich das Oberhaupt der Tibeter mit seiner Exilregierung im nordindischen Dharamsala an, wo er bis heute residiert. Die tibetischen Flüchtlinge, die zunächst in zwei großen Auffanglagern untergebracht wurden, litten unter verheerenden hygienischen Bedingungen, dem ungewohnten heißen Klima und einer Reihe von Krankheiten wie Cholera, Malaria, Ruhr, Gelbsucht und vor allem Tuberkulose. Für zahllose Tibeter war die Flucht aus ihrer Heimat der Weg in den Tod. Es fehlte an Nahrung, Kleidung und medizinischer Versorgung.

Im Juni 1959 waren bereits über zwanzigtausend Flüchtlinge in Indien angekommen, andere hatten sich nach Nepal und Bhutan abgesetzt. Ihre Anzahl wuchs in den nächsten Monaten auf fünfundachtzigtausend. Die meisten waren gezwungen, ihren kargen Lebensunterhalt im Straßenbau in den Himalaya-Regionen zu verdienen. Männer, Frauen und Kinder leisteten unter härtesten und gefährlichen Bedingungen Schwerstarbeit. Der Dalai Lama aber war fest entschlossen, die tibetische Kultur und Religion auch im Exil zu bewahren, und handelte mit der indischen Regierung ein Programm für tibetische Schulen und Siedlungsprojekte aus.

So tatkräftig die indische Regierung die tibetischen Flüchtlinge unterstützte, so sehr war sie auch bemüht, das angespannte Verhältnis zum mächtigen Nachbarn China nicht übermäßig zu belasten. Dem Dalai Lama und den tibetischen Flüchtlingen wurde jegliche politische Betätigung untersagt, die tibetische Exilregierung nicht als solche anerkannt. Stattdessen bekam die Exilregierung die offizielle Bezeichnung »Zentrale Tibetische Administration« und es wurde ihr gestattet, die tibetischen Flüchtlinge und ihre Projekte in Indien selbst zu planen und zu verwalten und auch mit internationalen Hilfsorganisationen zu verhandeln. Bis heute besitzen die tibetischen Flüchtlinge in Indien übrigens keine indischen Pässe, sondern lediglich Registrierungspapiere und gelten als staatenlos. Nur ein geringer Teil der geflohenen Tibeter wurde von anderen Ländern aufgenommen, etwa von der Schweiz, Kanada oder den USA. Auch in Deutschland nahm man sich schon früh der tibetischen Flüchtlinge an. 1962 wurde in Wahlwies die Deutsche Tibethilfe gegründet, zunächst mit dem Zweck, sich um die sechzehn tibetischen Waisenkinder zu kümmern, die in der Bundesrepublik Aufnahme gefunden hatten.

In Tibet selbst aber begann ein Genozid, dem Hunderttausende zum Opfer fielen, sowie die gezielte Vernichtung der traditionellen tibetisch-buddhistischen Kultur. Klöster und Tempel wurden ausgeplündert und zerstört oder zu Ställen und Lagerhäusern umfunktioniert. Die tibetischen Bauern und Nomaden wurden »sozialistischen Reformen« unterworfen und zwangskollektiviert. Durch die sozialistische Misswirtschaft kam es erstmals in der Geschichte Tibets zu Hungersnöten, die mehr als dreihunderttausend Todesopfer forderten. Die chinesischen Machthaber teilten Tibets Landfläche auf. Was heute als »Autonome Region Tibet« gilt, ist nur mehr die Hälfte des ursprünglichen tibetischen Kulturraumes. Der ganze Rest, das östliche Tibet, Amdo (wo auch der Dalai Lama geboren ist) und große Teile von

Kham mit seinen über drei Millionen tibetischen Einwohnern wurde zerstückelt und verschiedenen chinesischen Provinzen zugeschlagen.

1966 schließlich hetzte Mao Tse-tung die Roten Garden auch in Tibet in die sogenannte »Große Proletarische Kulturrevolution«, um seine schwindende Macht innerhalb der Partei zu stabilisieren. Zehn Jahre wüteten die fanatisierten Roten Garden im Schneeland, um die »vier Alten« – alte Kultur, alte Bräuche, alte Gewohnheiten, alte Denkweisen – radikal auszutilgen. Für die tief in ihren religiösen Traditionen verwurzelten Tibeter war dies eine Katastrophe ungeahnten Ausmaßes. Nun blieben auch die kleinen Tempel und Klöster an den abgelegensten Orten Tibets nicht von der Zerstörungswut der Chinesen verschont. Von den insgesamt über sechstausend Heiligtümern Tibets überstanden nur dreizehn diese Vernichtungswelle einigermaßen unbeschadet. Bibliotheken mit unschätzbar wertvollen Handschriften und Blockdrucken gingen in Flammen auf, Wandmalereien wurden abgeschlagen, Statuen zertrümmert, Tempel und Klöster gesprengt. Oft wurde die tibetische Bevölkerung mit vorgehaltenem Gewehr gezwungen, »ihre« Klöster, seit Jahrhunderten Mittelpunkt spirituellen und kulturellen Lebens einer Region, niederzureißen. Jegliche Ausübung von Religion war streng verboten, ebenso Bräuche, Trachten, Feste und sonstige Ausdrucksformen traditioneller Lebensart. Mönche und Nonnen wurden aus den Klöstern vertrieben, zu öffentlicher Unzucht gezwungen, gefoltert, vergewaltigt, bestialisch ermordet. Kinder wurden genötigt, ihre eigenen Eltern zu erschießen. Ehemalige Mönche oder Grundbesitzer mussten sich selbst als »Klassenfeinde« anklagen und wurden nicht selten vor den Augen ihrer Angehörigen zu Tode geprügelt. Unzählige Tibeter verschwanden in Gefängnissen und Arbeitslagern, die eher Vernichtungslagern glichen. Kinder wurden den Eltern weggenommen und in China im Sinne der kommunistischen Partei erzogen, tibetische Frauen zwangsweisen Abtreibungen und Sterilisationen unterzogen. Die in Volkskommunen zusammengefassten Tibeter in ihren schäbigen Mao-Uniformen waren sieben Tage die Woche zum Arbeitsdienst zwangsverpflichtet und mussten sich abends den berüchtigten »Thamzing«-Kampfsitzungen unterwerfen, wo sie gedemütigt, geprügelt und mit kommunistischer Propaganda gehirngewaschen wurden. Auch die Natur Tibets wurde radikal geschändet und ausgeplündert – die Tierwelt der Hochsteppen und Berge fast ausgerottet, die dichten Urwälder Osttibets gerodet, Bodenschätze abgebaut, Raketenbasen und Endlager für Atom- und Giftmüll eingerichtet.

Der Genozid auf dem Dach der Welt, dem weit über eine Million Tibeter zum Opfer fielen, und die Auslöschung der einzigartigen tibetischen Kultur gehören zu den schlimmsten Verbrechen, die das 20. Jahrhundert gesehen hat.

Doch im Westen war von alledem kaum etwas bekannt. Im Gegenteil – die studentische Jugend Europas, die Ende der Sechzigerjahre die Revolution probte, erkor Mao Tse-tung, der Historikern gemäß für den Tod von etwa siebzig Millionen Menschen verantwortlich ist, zu einem ihrer Idole. Die Leiden der chinesischen und tibetischen Bevölkerung unter dem Terror der Kulturrevolution aber blieben hierzulande weitgehend unbekannt. Das Land auf dem Dach der Welt war völlig von der Außenwelt abgeschnitten; außer den von der Partei gesteuerten Propagandameldungen drang nichts aus dem kommunistischen China heraus. Nur aus den Augenzeugenberichten geflüchteter Tibeter und aus geschmuggelten Briefen und Auszeichnungen waren die Tibeter im indischen Exil über das grausame Schicksal ihrer Landsleute in Tibet informiert. Der Dalai Lama war sich bewusst, dass die traditionelle tibetische Kultur wohl nur im Exil überleben würde. Tatsächlich entstanden in den Ansiedlungen der Exiltibeter Schulen und Klöster, in denen die tibetische Religion, Sprache und Lebensart einer neuen Generation übermittelt wurde. Die indische Regierung hatte im heißen Süden des Subkontinents Land für tibetische Siedlungen zur Verfügung gestellt, das unter großen Mühen urbar gemacht wurde. Zugleich riss der Flüchtlingsstrom aus Tibet nicht ab. Bis zum heutigen Tag flüchten jedes Jahr Tausende von Tibetern vor der chinesischen Unterdrückung, oft unter Einsatz ihres Lebens, zu Fuß über die verschneiten Pässe des Himalaya. Mittlerweile leben bereits etwa hundertdreißigtausend Tibeter im Exil.

Meine ersten »Patenkinder«

Viele Tibeter schicken zumindest ihre Kinder nach Indien, damit diese eine traditionelle tibetische Ausbildung erhalten können. Doch dies kostet Geld und das System der Patenschaften für Schulkinder, Mönche und alte Menschen erwies sich als gut funktionierender Weg, dieses Geld zu beschaffen, indem ein Pate aus einem westlichen Land einen Tibeter im Exil mit monatlichen Zuwendungen unterstützt.

Herr Lauf brachte von seiner Indienreise zwei solcher Patenbriefe mit, einen für Rigo Tulku, den anderen für Khenpo Rabgye, beides Mönche in Klöstern in Nordindien. Ich übernahm den Patenbrief für Khenpo Rabgye und hatte somit im Jahr 1964 meinen ersten Patenmönch, den ich jeden Monat mit einem Geldbetrag unterstützte. Damals war das alles noch nicht wirklich organisiert. Man musste sich selbst um seine Patenkinder kümmern. Mithilfe meines Sohnes Martin begann ich eine Korrespondenz auf Englisch mit Khenpo Rabgye. Wer jemals mit Tibetern Briefe gewechselt hat, wird wissen, dass dies nicht immer einfach ist. Und doch war es mein erster direkter Kontakt mit »Tibet«, an dem ich so sehr interessiert war. Gewöhnlich lief der Briefverkehr so ab, dass ich einen Brief auf Deutsch schrieb, Martin ihn ins Englische übersetzte, wir ihn nach Indien schickten, wo Khenpo Rabgye jemand finden musste, der das Englische ins Tibetische übersetzte und seine Antwort an mich wiederum vom Tibetischen ins Englische. Die Themen der Briefe waren sehr schlicht – man tauschte sich über das Wetter und den Gesundheitszustand aus und schickte einander gute Wünsche. Das Patengeld übersandte ich regelmäßig per Postanweisung.

In dieser Zeit besuchte ich immer wieder auch Vorträge, die vom »Indien-Institut« im Münchner Völkerkundemuseum organisiert wurden. Auch die Christengemeinschaft bot sehr gute Vorträge an, die ich gerne hörte. Das war meine liebste Freizeitbeschäftigung. Ansonsten blieb wenig Zeit. Auch für Urlaub war weder Zeit noch Geld übrig. Sechsundzwanzig Jahre lang habe ich jeweils meinen gesamten Jahresurlaub in Einzeltagen verbraucht, für die Kinder, für Arztbesuche, Schulsprechstunden und

Ähnliches. Ganz selten kam es dazu, dass wir zusammen mal für eine Woche wegfuhren, vielleicht zu einer Freundin im Voralpenland, bei der wir wohnen konnten. Meine beiden Söhne durften aber in den großen Ferien zu Wanda und Kurt nach Detmold reisen, was sie stets sehr genossen.

Mein tägliches Leben war mühsam. Neben meinem Ganztagsjob bei Siemens – in den ersten Jahren war sogar der Samstagvormittag Arbeitstag – musste ich den kompletten Haushalt erledigen, und zwar ohne die heute gängigen Hilfsmittel. Eine Waschmaschine beispielsweise besaßen wir nicht. Zudem war vor meinem überraschenden Lotteriegewinn das Geld äußerst knapp. Den Weg in die Firma, die einfache Strecke etwa fünfundvierzig Minuten, legte ich zu Fuß zurück. Und doch musste ich oft am Ende des Monats Anleihen bei den Sparbüchsen meiner Kinder aufnehmen, um Brot, Milch und Kartoffeln für uns kaufen zu können.

Man kann sich gar nicht vorstellen, welche Erleichterung es für mich war, als nach dem Lotteriegewinn stets genug Geld für die täglichen Einkäufe im Haus war. Als mich in diesen klammen Zeiten ein Brief der evangelischen Kirche erreichte, der mich in der Gemeinde willkommen hieß und in dem ich gebeten wurde, doch bitte für eine neue Glocke zu spenden, erklärte ich meinen Austritt aus der Kirche. Fortan gingen die Kinder in den Religionsunterricht der Christengemeinschaft, der ihnen sehr gut gefiel. Sie wurden dort auch konfirmiert. Auch für mich war die Christengemeinschaft eine große Hilfe. Dort gab es Menschen, mit denen ich über alles offen sprechen konnte, weil sie so ähnlich wie ich dachten und empfanden. Ich bekam in solchen Gesprächen Antworten auf Fragen, die mich lange beschäftigt hatten. Über meine innere Stimme und meine Ahnungen beispielsweise, die mich seit meiner Jugend begleiteten, sprach ich mit einem Pfarrer der Christengemeinschaft. Der gab mir den Rat, ich solle immer, wenn solche Ahnungen fast überfallartig auf mich zukämen und ich sie nicht haben wolle, mir einen bestimmten Spruch vorsagen. Es war ein Gedicht von Rudolf Steiner, dem Begründer der Anthroposophie, und es hat tatsächlich funktioniert. Später wurde mir klar, dass dieser Spruch ähnlich wie ein Mantra wirkte. Man konnte damit die Gedanken besetzen und konzentrieren. Ich habe den Spruch nicht allzu oft benutzt, aber ich war sehr dankbar, dass jemand mein Anliegen, über das ich nie zu sprechen gewagt hatte, überhaupt verstand, ohne mich für verrückt zu halten.

Auch meine Ahnung, dass ich nicht das erste Mal hier auf der Erde sei, dass die Gesetze von Karma und Reinkarnation, die auch im tibetischen Buddhismus große Bedeutung haben, tatsächlich wirksam sind, fand ich durch solche Gespräche bestätigt. Das gab mir das Gefühl, dass ich nicht allein war mit meinen Überlegungen, dass ich verstanden werde. Das gab mir innere Sicherheit und Kraft. Die Vorträge, die ich bei der Christengemeinschaft hörte, waren übrigens kaum religiös oder esoterisch geprägt. Es ging meist um ganz praktische Dinge, um Kinder, um Behinderte und so weiter.

Der Lotteriegewinn veränderte unser Leben grundlegend. Endlich konnten wir uns neben den täglichen Notwendigkeiten Dinge leisten, die vorher nie in Betracht gekommen wären. Endlich konnte ich Kleidung und Schuhe für die Söhne kaufen und hatte anschließend trotzdem noch Geld für Lebensmittel im Portemonnaie.

Schließlich schafften wir uns als Weihnachtsgeschenk sogar einen alten kleinen Volkswagen an und kamen uns dabei vor wie die Könige. Martin hatte zu dieser Zeit bereits den Führerschein. Alle, die von meinem Lotteriegewinn wussten, freuten sich, dass das Glückslos gerade mich getroffen hatte. Wir nahmen uns sogar für eine Weile ein Abonnement bei der Theatergemeinde und besuchten Konzerte, Oper und Schauspiel. Ich wollte, dass Martin etwas von dem interessanten Münchner Kulturleben mitbekommt. Mit dem Auto unternahmen wir gelegentlich Ausflüge in die Umgebung von München, beispielsweise zu einer kleinen Kapelle in der Nähe von Wangen, die heute als Station auf dem Jakobsweg gilt. Es war ein schönes stilles Plätzchen, etwas, das heutige Esoteriker gern als Ort der Kraft bezeichnen. Wir wussten nicht, warum, aber es zog uns immer wieder dorthin. Wir saßen dort unter einer riesigen Buche, die die Kapelle überschattete. Martin lernte und ich nähte.

Nur einmal haben wir mit unserem Wagen eine weite Reise unternommen, nach Hamburg, um Verwandte und Freunde zu besuchen, denn auch wenn sich die finanzielle Situation etwas entspannt hatte, die Zeit war nach wie vor sehr knapp. Das war auch der Grund, warum ich keine feste Beziehung mehr mit einem Mann hatte. Ich hatte zwar immer wieder gute Freundschaften und ich glaube, es wäre für mich nicht schwierig gewesen, einen Mann zu finden, aber keinen Vater für meine Kinder, denn ich hielt mich an mein inneres Versprechen, dass ich Kinder haben will, ohne zu heiraten. Ich wollte meinen Kindern Mutter und Vater zugleich sein. Rückschauend denke ich heute manchmal etwas anders darüber und glaube, dass vieles im Leben doch einfacher ist, wenn auch das väterliche Element in der Familie vorhanden ist. Früher aber wollte ich mir das nie eingestehen und habe mir nur vorgesagt: »Das schaffst du schon.« Geschafft habe ich es, aber gefehlt hat trotzdem etwas. Meine Angst, dass man mir meine Kinder noch einmal wegnehmen könnte, war immer noch groß. Jemand hatte mir zudem den Rat gegeben, im katholischen Bayern besser nicht offen zu sagen, dass ich uneheliche Kinder habe, sondern lieber, dass ich geschieden sei. Das habe ich meist auch getan. Meine Kinder haben mich später gefragt, ob sie tatsächlich Wunschkinder gewesen seien, und das konnte ich ihnen aus ganzem Herzen bestätigen.

Eines Tages erreichte mich ein Brief meines tibetischen »Patenkindes« Khenpo Rabgye, in dem er mich bat, ihn doch wissen zu lassen, wenn ich einen Wunsch hätte. Khenpo Rabgye war damals ungefähr sechzig Jahre alt und Abt eines kleinen Klosters in Nordindien. Martin meinte: »Das kommt gar nicht in Frage, ihn um etwas zu bitten. Die sind dort doch bettelarm.«

Ich aber sagte: »Ach, ein kleines Steinchen aus Tibet hätte ich schon ganz gerne.«

Khenpo Rabgye sandte mir etwas ganz Besonderes. Zunächst schrieb er: »Ich schicke Dir eine Glocke, die doch keine Glocke ist.« Ich war sehr neugierig, als das Geschenk schließlich ankam und wir es auspackten. Es war eine einzelne metallene Zimbel an einem Bändchen, an dem ein Knochen zum Anschlagen der Zimbel befestigt war. Diese Zimbel hatte einen wundervollen, lange nachschwingenden Klang und ich habe sie stets als ganz besonderes Heiligtum behandelt. Später habe ich diese Zimbel in die Yoga-Kurse mitgenommen, an denen ich teilnahm, und immer wieder wollten die Leute den Ton hören. Später, als ich selbst um Patenschaften für Tibeter zu werben begann, hat diese Zimbel viele Paten angelockt. Der feine, ätherische Klang hat sehr viel Segensreiches bewirkt. Khenpo Rabgye, der in den letzten Jahren sehr krank gewesen war, starb schließlich im Jahr 1974. Ich übernahm dann aber die Patenschaft für den zweiten Mönch, für Rigo Tulku, der in einem Kloster in Bir lebte und Khenpo Rabgyes Nachfolge antrat.

1969 zog ich, wie im letzten Kapitel bereits angedeutet, in die Wohnung in der Mauthäuslstraße um, in der ich noch heute lebe. Inzwischen hatte Hans seine Schreinerlehre bei den Vereinigten Werkstätten beendet und zog zu seiner Freundin in die Nähe von Hannover. Er wollte das Mädchen unbedingt heiraten, brauchte dazu aber gemäß der damaligen Gesetzgebung meine Einwilligung, da er noch nicht einundzwanzig Jahre alt war. Es kam zu einer schweren Krise zwischen meinem Sohn und mir, weil ich diese Einwilligung verweigerte. Seine Freundin litt an schwerer Epilepsie und ich war der Meinung, dass Hans nicht wirklich einschätzen könne, was dies für das gemeinsame Leben bedeuten würde. Wir kamen durch diesen Konflikt fast ganz auseinander, aber ich ließ mich nicht umstimmen. Denn mein Motto war immer gewesen: Man muss sich auf mich verlassen können – wenn ich Ja sage, dann ist es Ja, aber wenn ich Nein sage, dann bleibt es auch dabei. Hans wartete, bis er einundzwanzig wurde, dann heiratete er seine Freundin und die beiden hatten tatsächlich ein sehr schweres Leben. Sie hatten zwei Kinder, die gottlob keine Behinderung erbten, aber es in ihrem Leben auch nicht gerade leicht hatten. Hans arbeitete in einer Möbelfabrik als Schreiner und unterhielt zudem jeden Samstag einen Stand auf dem örtlichen Flohmarkt. Er entwickelte sich zu einem Spezialisten für Schallplatten und später auch für Bücher. Schließlich eröffnete er ein Antiquariat in Hannover, das er später, als seine Ehe nach zwanzig Jahren scheiterte, seiner Frau überschrieb. Er selbst zog nach Bielefeld, wo er wieder ein Antiquariat aufbaute.

Indes schloss Martin sein Studium ab und erfüllte sich einen großen Traum: Er fuhr in die Vereinigten Staaten und hat dort durch meine Vermittlung auch Wernher von Braun und die anderen ehemaligen Peenemünder besucht. Leider konnte Wernher von Braun, mit dem ich über all die Jahre in Briefkontakt gestanden hatte, sich nicht wirklich um Martin kümmern, denn er kam gerade von seiner ersten Krebsoperation aus dem Krankenhaus und musste sich schonen. Als Martin von seiner Reise zurückkehrte, trat er in München in das Institut für Rundfunktechnik ein. Sein Kinderwunsch war immer gewesen, eine große Maschine mit vielen Knöpfen und Schaltern zu haben, und die hat er in dem Rechenzentrum, in dem er tätig ist, tatsächlich bekommen.

Die »Traumreise«

Auch ich hatte einen Traum – ich wollte nach Indien reisen, um die Exiltibeter zu besuchen. Ich hörte im Indien-Institut einen Vortrag über Ladakh, das »Klein-Tibet« im indischen Himalaya, und war über alle Maßen fasziniert davon. 1974 hatte Indien das Tal von Ladakh erstmals für Reisende aus dem Westen geöffnet. Als umkämpfter Landstrich im Grenzbereich zu Pakistan war

Ladakh über viele Jahre militärischer Sperrbezirk gewesen. Der Vortrag im Indien-Institut wurde von jemandem gehalten, der so glücklich gewesen war, Ladakh gleich im ersten Jahr der Öffnung zu besuchen. Dorthin wollte ich unbedingt. Doch wie sollte ich das machen? Ich sprach kaum ein Wort Englisch und trotz des Lotteriegewinns von vor ein paar Jahren war ich nicht wirklich wohlhabend genug, um mir eine solche Reise leisten zu können. Doch mein Sohn Martin drängte mich, den Traum wahr zu machen, und spendete sein erstes Gehalt, das er im Institut für Rundfunktechnik verdiente, für meine Reise. Also habe ich tatsächlich die Reise bei Hauser Exkursionen in München gebucht. Ich wollte mit der Hauser-Gruppe drei Wochen lang Ladakh besuchen und anschließend auf eigene Faust zwei Wochen in Indien unterwegs sein, um Kontakt mit tibetischen Flüchtlingen aufzunehmen. Freunde unterstützten mich auf jede nur denkbare Art. So gab mir eine befreundete Familie das Foto von Thuksey Rinpoche mit der Bemerkung, dieses Bild werde mir in Ladakh alle Türen öffnen.

Über Ladakh gab es damals noch keinerlei Informationen, keine Bücher, keine Reiseführer. Da ich mich auf meine Reise gut vorbereiten wollte, wandte ich mich an meine älteste Schwester, die als Landschaftsgärtnerin in Herrnhut in der damaligen DDR arbeitete, da ich wusste, dass die Herrnhuter Bruderschaft in Ladakh missioniert hatte. Ich bat sie, mir doch ein Verzeichnis von Büchern zu schicken, die die Herrnhuter Brüder über Ladakh geschrieben hatten. Als sie mir die Liste zukommen ließ, suchte ich mir etwa fünfundzwanzig Bücher aus und wandte mich an die Niederlassung der Herrnhuter in Bad Boll in der Bundesrepublik mit der Bitte, mir diese Bücher doch auszuleihen. Tatsächlich kam kurz darauf eine Kiste mit den gewünschten Büchern. Als Herr Hauser, der Chef des Reiseveranstalters, klagte, er könne seine Reiseleiter leider nicht über Ladakh informieren, da es keinerlei Material gäbe, sagte ich ihm, dass ich ihm helfen könne, weil in den Büchern der Herrnhuter Brüder viel über Landschaft, Klima, Bevölkerung etc. zu finden sei. Ich war später sogar selbst einmal in Herrnhut, um mir das Museum dort anzusehen.

Das älteste Buch in meiner privaten Bibliothek ist eine Grammatik der tibetischen Sprache von 1865, die die Herrnhuter auf einer Druckmaschine, die sie über den Himalaya transportiert hatten, in Lahoul gedruckt haben. Dieser Band wird bis heute von Tibetologen benutzt. Der Herrnhuter Bruder August Hermann Francke gilt als der erste deutsche Tibetologe und hat bis zu seinem Lebensende an einer Übersetzung der Bibel ins Tibetische gearbeitet. Bis nach Tibet aber drangen die Herrnhuter Brüder nicht vor, denn Tibet war im 19. Jahrhundert hermetisch von der Außenwelt abgeschottet.

Auch Wernher von Braun wünschte mir alles Gute zu meiner »Traumreise«. In seiner fast kalligrafisch schönen Handschrift schrieb er mir aus den USA: »Meine liebe Wägerin. Ich bin zu zwei verschiedenen Zeiten schon in Nepal und Kaschmir gewesen und halte beide Gegenden für das Schönste, was mir je vor die Augen gekommen ist. Viel Glück für die Traumreise.«

Am 26. Juli 1975 ging es endlich los auf meine erste echte Urlaubsreise. Das Glück war von Anfang an auf meiner Seite. Auf dem Hinflug war das Flugzeug überbucht, also wurde ich zusammen mit einigen anderen Reiseteilnehmern in die First Class befördert. Wir flogen nach Delhi und die ersten indischen Eindrücke waren überwältigend – die Hitze, die in farbenfrohe Saris gekleideten indischen Frauen, die Affen in den Tempeln, die Sikhs mit ihren großen Turbanen. Auch unser nächstes Ziel, Srinagar, die Hauptstadt Kaschmirs, war von unglaublicher Faszination – das Hausboot auf dem Dal-See, auf dem wir wohnten, der schwimmende Markt auf dem See, zu dem über tausend Boote mit Händlern zusammenkamen, die Lotosblüten und Wasserlilien, die lebhafte Altstadt, die Moghul-Gärten und vieles, vieles mehr. Ende Juli ging es mit zwei Bussen auf der klassischen Route über den 3520 Meter hohen Zojila-Pass nach Ladakh. Im ersten Bus saß unsere Reisegruppe, im zweiten die Begleitmannschaft der Köche und Helfer samt Zelten und Verpflegung, denn als Teil unserer Reise war auch eine Trekking-Tour in den Bergen vorgesehen. Zur damaligen Zeit war Ladakh nur über die Route von Srinagar aus erreichbar, und zwar ausschließlich in den Sommermonaten. Die übrigen acht Monate sind die hohen Pässe verschneit und unpassierbar. Flüge nach Ladakh gab es damals noch nicht.

In Mulbeck, wo die berühmte Kolossalstatue des Maitreya-Buddha, des zukünftigen Buddha, in einen Felsen gemeißelt steht, verläuft die Religionsgrenze zwischen Islam und Buddhismus. Hier beginnt das »eigentliche«, das tibetisch-buddhistische Ladakh. Und hier sah ich die ersten tibetischen Gesichter, die ersten ladakhischen Trachten mit dem reichen Türkisschmuck und den zylinderartigen Brokathüten, die von Männern und Frauen gleichermaßen getragen werden. Und ich sah vor dem Kloster Mulbecks die ersten tibetisch-buddhistischen Mönche in ihren roten Roben. Bei ihnen versuchte ich

Ich im Alter von drei Jahren. Meine Eltern im Jahr 1916.

Unser Gutshaus Heinrichshöfen mit dem Esel, der uns Kindern zur
Verfügung stand.

Dieses Foto wurde wenige Stunden vor dem Unfalltod meines Bruders Siegfried (Bild Mitte) aufgenommen. Links mein Stiefbruder Erich, rechts ich.

Ich im Alter von 21 Jahren.

Mit Wernher von Braun in München.

Meine Söhne Hans und
Martin sind mir rasch
über den Kopf gewachsen.

Khenpo Rabgye (im Bild vorn Mitte) war seit 1964 mein erstes »Patenkind«.

Mein erstes Foto, das ich vom Dalai Lama machte, aufgenommen 1979 in Rikon/Schweiz.

Kinder der tibetischen Straßenarbeiter, 1975 auf dem Weg nach Spiti.

Die kleine Palmo aus Ladakh,
aufgenommen 1975.

Diese glücklich lachende alte Tibeterin
aus dem tibetischen Altersheim in
Ladakh wurde so etwas wie eine
Ikone der Deutschen Tibethilfe.

Unterwegs mit dem Jeep von
Schwester Ursula nach Spiti,
hier mit der jungen Tibeterin
Chimey.

Mit Mr und Mrs Taring
in Rajpur.

Ein Besuch mit Schwester Ursula (rechts im Bild) bei Dr. Gmeiner,
dem Begründer der SOS-Kinderdörfer.

Mit Patenkindern in Moussourie.

Der Dalai Lama verleiht mir 2005 in Zürich den Preis »Nurse of Compassion«.

Der Dalai Lama zu Besuch in meiner »Bürowohnung«.

Meine Familie bei meinem 90. Geburtstag in München.

mein Glück mit dem Bild von Thuksey Rinpoche, das mir meine Freunde mit auf die Reise gegeben hatten. Ich zeigte es einem Mönch, der es zum Zeichen der Verehrung an seine Stirn drückte und über seinen Kopf hielt, mich dann am Arm packte und raschen Schrittes mit mir in das Kloster hineinging. Er führte mich durch dunkle Gänge zu einem Raum, in dem – ich glaubte zu träumen – eben dieser Thuksey Rinpoche leibhaftig saß. Er lebte normalerweise in seinem Kloster in Darjeeling und war ausgerechnet an diesem einen Tag auf Durchreise in Mulbeck. Wir saßen ungefähr eine halbe Stunde beisammen. Ich berichtete ihm von meinen Freunden in Deutschland, die mir sein Bild mit auf die Reise gegeben hatten. Rinpoche kannte sie gut. Die Mönche dolmetschten und zum Abschied schenkte er mir einen Katak, einen weißen Glücksschal, der im tibetischen Kulturkreis als Zeichen von Freundschaft und Ehrerbietung überreicht wird.

An diesem Tag begann meine freundschaftliche Verbundenheit mit Thuksey Rinpoche, die bis zu seinem Tod im Jahr 1983 währte. Er gab mir einen Empfehlungsbrief an die Mönche des Klosters Hemis, dessen Besichtigung zu dieser Zeit kaum möglich war, weil unter den ersten westlichen Touristen im ersten Jahr der Öffnung Ladakhs auch Diebe gewesen waren, die es auf die Kostbarkeiten der Tempel und Klöster abgesehen hatten. Von etwas merkwürdigen Kunstfreunden hörten wir auch in Lamayuru, diesem imposant in der ariden »Mondlandschaft« Ladakhs gelegenen Kloster, das zu den größten und wichtigsten des Landes zählt. Dort boten uns die Mönche ihre Ritualgegenstände zum Kauf an, und zwar nicht für Touristen hergestelltes Kunsthandwerk, sondern die antiken Originale. Wir waren völlig überrascht und sagten: »Nein, wir kaufen nichts, diese Dinge müssen hier an ihrem Ursprungsort bleiben.« Die Mönche aber erzählten uns: »In der Gruppe vor euch war Heinrich Harrer, der Freund und Lehrer des Dalai Lama, und der hat uns gesagt, dass wir unsere alten Sachen an die Touristen verkaufen sollen, denn von dem Geld, das wir dafür bekommen, können wir uns viele neue Ritualwerkzeuge kaufen, und wenn diese geweiht sind, dann haben sie die gleiche Wirkung wie die alten. Und außerdem würde uns noch viel Geld übrig bleiben.«

Man kann sich denken, wie befremdet wir alle waren, als wir das hörten.

Weiter ging die Reise den Indus flussaufwärts nach Leh, in die Hauptstadt Ladakhs. Touristen waren damals in Ladakh noch eine Seltenheit. Es gab in ganz Leh nur ein einziges Hotel, und das war noch nicht einmal ganz fertiggestellt. Aber wir wurden mit offenen Armen und herzwärmender Freundlichkeit aufgenommen. Überall begrüßten uns die Menschen mit gefalteten Händen und dem fröhlichen ladakhischen Gruß »Jullee, Jullee«. Wir besichtigten den Königspalast von Leh mit seinen Tempeln. Von dort sah ich zwischen grünen Feldern die Spitze eines Stupa, zu dem ich später dann wanderte. Es war der Stupa von Changspa. Als ich ihn umrundete, wusste ich plötzlich, dass ich in einem früheren Leben hier schon einmal gewesen war.

Ich suchte auch die kleine, versteckt gelegene christliche Kirche auf, die von den Herrnhuter Brüdern gegründet worden war. Dort begegnete ich Mr Joldan, einem freundlichen Herrn in ladakhischer Tracht, der jedoch statt dem üblichen Türkisschmuck mit buddhistischen

Amuletten ein Kreuz an einem Kettchen um den Hals trug. Wir sprachen länger miteinander. Diese Begegnung war der Beginn einer langjährigen Freundschaft.

Unsere Gruppe besuchte anschließend verschiedene Klöster im Industal und kam schließlich auch nach Hemis, wo der Empfehlungsbrief von Thuksey Rinpoche bewirkte, dass wir selbst die Räume des inkarnierten Hauptlama des Klosters, der damals erst dreizehn Jahre alt war, sehen und sogar fotografieren durften. Über zwei Stunden saßen wir im Tempel und hörten die von den traditionellen Musikinstrumenten begleiteten Gebete und Rezitationen, tranken mit den Mönchen Buttertee, der aus riesigen Kupferkannen ausgeschenkt wurde. Ich war glücklich.

In Ladakh konnte ich Tibet erleben, wie es vor dem Überfall der Chinesen gewesen war. Ladakh hatte sozusagen das Erbe Tibets angetreten, war als indische Provinz verschont geblieben von Zerstörung und Unterdrückung. Dazu die unbeschreiblich schöne Landschaft – eine kahle, trockene Mondlandschaft, überragt von schneeüberzuckerten Felsbergen und durchbrochen von kleinteilig parzellierten Feldern, die nur aufgrund künstlicher Bewässerung fruchtbar waren. Alt und Jung arbeitete auf den Feldern, auf althergebrachte Art ohne Hilfe von Maschinen. Es war wunderbar zuzusehen, wie die Bauernmädchen die reife Hochlandgerste mit der Hand ausrupften, wie mithilfe von Tieren die Ähren auf kreisrunden Plätzen gedroschen wurden und wie man zuletzt mit großen Holzgabeln das gedroschene Korn in den Wind warf, um die Spreu vom Weizen zu trennen. Ich fühlte mich an meine verlorene ostpreußische Heimat erinnert, wo man auf ähnlich archaische Art Landwirtschaft betrieben hatte. Auch der unglaublich klare Sternenhimmel, der sich nachts über den Bergen und Tälern wölbte, war mir aus meiner alten Heimat vertraut. Doch dies war nicht Europa, dies war tatsächlich Ladakh, »Klein-Tibet«, der Himalaya, in den ich mich bei der Lektüre meiner Bücher immer hineingeträumt hatte. Auch »echte« Tibeter sah ich, tibetische Flüchtlinge, die vor den chinesischen Besatzern nach Ladakh geflohen waren. Das tibetische Flüchtlingslager Choglamsar, in dem die Tibeter heute leben, war zu dieser Zeit noch nicht erbaut und auch die internationale Hilfe für die tibetischen Flüchtlinge hatte Ladakh noch nicht erreicht.

Nach weiteren Klosterbesichtigungen begann unsere Wanderung in den Bergen, begleitet von Koch, Helfern und einem Führer sowie neun Packpferden mit vier Treibern. Wieder waren die Eindrücke überwältigend für mich – wir trafen auf Nomaden mit ihren Herden, wanderten über Wiesen, übersät mit Edelweiß, Enzian und zahllosen anderen Blumen, darunter auch die berühmteste Himalayapflanze, der blaue Mohn. Abends am Lagerfeuer sangen die Ladakhi ihre traditionellen Lieder, bevor wir, müde von acht bis zehn Stunden Fußmarsch, in die Schlafsäcke krochen und trotz der Höhe von bis zu viertausend Metern gut schliefen.

Die Teilnehmerzahl unserer Gruppe war während der Reise beständig geschrumpft – in Deutschland waren vierzig Personen aufgebrochen, doch von Srinagar nach Ladakh fuhren nur mehr fünfzehn und nur fünf wagten sich auf die Trekkingtour in die Berge, den krönenden Abschluss der Ladakh-Reise.

Zurück in Srinagar ging es ans Abschiednehmen von den anderen Reiseteilnehmern. Die zweite Etappe meiner »Morgenlandfahrt« begann – zwei Wochen auf eigene Faust in Indien. Doch auch der Reiseleiter unserer Gruppe hatte noch keine Lust, nach Deutschland zurückzukehren, und beschloss, mich zu begleiten. Mit dem Taxi ging es los Richtung Pantankoth. Indien zeigte sich uns in seiner ganzen faszinierenden Farbigkeit und zugleich in seinem Elend, seinem Chaos und seiner Armut. Wir hatten großes Glück, als unser Taxi unterwegs einen Bus streifte. Der Polizist, der den Unfall aufnahm, erledigte seine Aufgabe mit indischer Gelassenheit – er notierte sich mangels Notizblock alles auf seinen Handrücken.

Auch die Sitzplatzreservierung für den Bus von Pantankoth nach Dharamsala fand eher unkonventionell statt. Der Fahrer nahm am Abend meinen reservierten Sitz vom Bus mit aufs Hotelzimmer, brachte ihn am nächsten Morgen zurück und ließ ihn wieder einbauen, bevor ich mich darauf niederließ. Drei Stunden dauerte die Fahrt nach Dharamsala, zur Residenz des Dalai Lama. Hier wollte ich mir selbst ein Bild von der Situation der tibetischen Flüchtlinge machen. Doch aufgrund von drei Feiertagen, an denen alle Einrichtungen geschlossen waren, konnte ich nicht all die Stellen besuchen, die ich mir vorgenommen hatte. Außerdem regnete es in Dharamsala. Die Berge versteckten sich hinter Monsunwolken. Grau und traurig hing an den Leinen vor den Häusern die Wäsche im Regen. Dennoch konnten wir den Tempel besichtigen, die Bibliothek und das Handwerkszentrum. Schon damals war Dharamsala ein Anziehungspunkt für westliche Sinnsucher und Globetrotter. Wir trafen einige Europäer, die als Mönche in tibetische Klöster eingetreten waren, und wir begegneten

Hippies und Touristen aus aller Welt. Wir hatten Gelegenheit, das große SOS-Kinderdorf zu besuchen, das von Jetsun Pema, der jüngeren Schwester des Dalai Lama, geleitet wurde. Wir sprachen mit ihr über die drängenden Probleme bei der Versorgung und Ausbildung der über tausend tibetischen Kinder, die dort untergebracht waren, jeweils fünfunddreißig Kinder mit einem »Elternpaar« in einem Haus. Zwei Küchen und eine Backstube mussten für all diese Menschen genügen und es fehlte zudem an Schulräumen und Ausbildungsstätten. Am Abend waren wir zu Gast bei jungen Schweizer Ärzten, die das Kinderdorf medizinisch betreuten. Ihnen übergaben wir Medikamente im Wert von über tausend Mark, die wir als Spende von einem Siemens-Arzt mitgebracht hatten, zusammen mit den Medikamenten, die unsere Mitreisenden in Srinagar aus ihren Reiseapotheken abgezweigt hatten.

Drei Tage später setzten wir unsere Reise in einem völlig überfüllten Bus fort. Ziel war Bir, wo ich mein »Patenkind« Rigo Tulku besuchen wollte. Wir kamen auf schmalen Bergstraßen nach Bäjnath, wo wir umsteigen mussten. Unser Gepäck wurde vom Dach des Busses abgeladen und da saßen wir nun, ohne recht zu wissen, wie es weiterging, denn die Auskünfte bezüglich des Anschlusses erwiesen sich als äußerst vage. Dazu kamen Sprachprobleme, denn kaum jemand hier schien Englisch zu verstehen. Kein Busfahrer verstand uns und so saßen wir auf unserem Gepäck in der brennenden Sonne. Auf den Dächern der Gebäude in unserer Nähe sprangen Affen herum. Immer mehr Menschen versammelten sich um uns und bestaunten uns, ohne jedoch auch nur ein Wort zu verstehen, wenn wir sie ansprachen. Schließlich kam aus der Menge ein Mann auf uns zu und nannte den Namen von Rigo Tulku. Er war über unsere Ankunft unterrichtet worden und wartete schon seit dem frühen Morgen auf uns. Obwohl auch er kein Englisch verstand, versorgte er uns rührend und setzte uns in einen Bus, der drei Stunden später kam und der uns tatsächlich nach Bir brachte. Mönche aus dem Kloster von Rigo Tulku holten uns ab und schließlich stand ich meinem »Patenkind« und Brieffreund gegenüber. Er begrüßte mich mit großer Herzlichkeit und ließ uns von den Mönchen das Kloster zeigen, ein neu erbautes, kleines und sehr bescheidenes Kloster. Ungehindert konnten wir Foto- und Tonaufnahmen von den Ritualen und Rezitationen der Mönche machen, die von den typischen tibetischen Musikinstrumenten begleitet wurden. Doch auch Rigo Tulku sprach kein Englisch, ebenso wenig wie die Mönche des Klosters. Der Einzige, der in ganz Bir ein wenig Englisch konnte, war ein Tibeter, dem eine kanadische Ärztin, die früher einmal hier für die Tibeter gearbeitet hatte, ein wenig Sprachunterricht erteilt hatte. Er sprang bei uns nun als Dolmetscher ein. Ich überreichte Rigo Tulku meine kleine Schreibmaschine, die ich mitgebracht hatte, eine Reiseapotheke, einen Kassettenrekorder und eine Menge warmer Kleidungsstücke, die mir unsere Reisegruppe in Srinagar mitgegeben hatte. Ich besuchte auch die Unterkünfte von tibetischen Flüchtlingen in der Nähe des Klosters, die ein sehr ärmliches Leben führten. Nach drei Tagen ging es weiter. Der Abschied fiel allen schwer. Doch ich versprach, wiederzukommen.

Wir fuhren weiter über Mandi nach Kulu, eine sehr schöne Strecke durch tiefe Schluchten, auf deren Grund

Palmen und Bananenstauden gediehen. Die Gegend von Kulu war äußerst fruchtbar. Überall sahen wir Frauen, die große Körbe mit frisch geernteten Früchten zu den Sammelstellen trugen. Schließlich gelangten wir nach Patli-Kuhl, zu einer Art tibetischem Schullandheim, in dem dreihundertfünfzig Kinder lebten, zumeist Waisen oder Halbwaisen sowie viele Kinder, deren Eltern beim Straßenbau in den Himalayaregionen Spiti und Lahoul arbeiteten. Sechzig Kinder wohnten in einem Raum, betreut von jeweils einer Frau. Hier lernte ich Schwester Ursula Eichstädt kennen, die seit fünf Jahren tibetische Flüchtlingskinder betreute. Mit Unterstützung tibetischer Helferinnen und in Verbindung mit Schweizer Ärzten hielt sie jeden Tag von sieben bis zwölf Uhr Sprechstunde ab, bei der die Kinder, die an Insektenstichen, Hals-Nasen-Ohren-Beschwerden oder Augenentzündungen litten, geduldig warteten.

Schwester Ursula hatte ein sehr bewegtes Leben. Geboren war auch sie in Ostpreußen. Im Krieg hatte sie im Auftrag der Wehrmacht Pferde zugeritten, bis sie in russische Gefangenschaft geriet. Später absolvierte sie in England eine Ausbildung zur Krankenschwester und ging nach Indien, zunächst für fünfzehn Jahre nach Orissa zu den Adivasi, den Eingeborenen im Dschungel, um Leprakranke zu betreuen. Eines Tages gab es in Orissa eine schlimme Überschwemmung und es saßen plötzlich zwei kleine Kinder bei ihr im Zelt, die ihre Eltern verloren hatten. Schwester Ursula nahm die beiden zu sich. Sie hat sie nicht adoptiert, aber in Pflege genommen. Das jüngere Kind, Ganesh, hat später in Deutschland die Schule besucht und lebt heute in der Schweiz, der andere Bub blieb in Orissa und wurde Häuptling seiner Dorfgemeinschaft. Nach fünfzehn Jahren Arbeit in Orissa, für die Schwester Ursula von Indira Gandhi eine hohe Auszeichnung erhielt, kam sie zum tibetischen Kinderdorf in Dharamsala, das sich damals gerade im Aufbau befand. Von Dharamsala wurde sie nach Patli-Kuhl versetzt, wo sie als Krankenschwester arbeitete und wo ich sie auf meiner Reise kennenlernte. Später war sie noch am Aufbau eines Pestalozzi-Kinderdorfes bei Bangalore beteiligt und übernahm schließlich die Verwaltung des Museums von Nicholas Roerich in Indien, des 1947 verstorbenen russischen Buddhisten, Theosophen und spirituellen Malers, der in seinen Gemälden die überirdische Schönheit des Himalaya auf unübertroffene Art zum Ausdruck brachte. Auch dort besuchte ich sie auf späteren Reisen. Uns verband eine herzliche Freundschaft. Als Ursula Schwierigkeiten in einer Visum-Angelegenheit bekam und für eine Weile nach Deutschland wollte, wurde festgestellt, dass sie sich mit Lepra angesteckt hatte. Sie ging nach Indien zurück, ließ sich in einem Lepra-Forschungsinstitut behandeln und bekam die Krankheit auch einigermaßen in den Griff. Später wurde noch eine Krebserkrankung im Rücken diagnostiziert. Schließlich starb sie in Indien.

Als ich sie in Patli-Kuhl kennenlernte, stand sie noch inmitten von Leben und Arbeit. Lange Schlangen bildeten sich vor ihrer kleinen Schwesternpraxis und auch die zwanzig Betten in ihrer Krankenstation waren zumeist voll belegt. Von Schwester Ursula hörte ich erstmals von gewissen Problemen innerhalb der tibetischen Flüchtlingsgemeinschaft. Es war mir schon aufgefallen, dass man in Dharamsala etwas pikiert reagiert hatte, als ich sagte, dass ich als Nächstes nach Bir reisen würde. Und man gab mir auch kein Empfehlungsschreiben für Bir. Denn in Bir lebten viele Tibeter aus Kham, die sich weigerten, Steuern an die Exilregierung zu bezahlen. Sie sagten, dass sie früher in Kham auch keine Steuern an Lhasa bezahlt hätten und das jetzt auch nicht tun würden. In Indien gab es ungefähr fünfzehn tibetische Siedlungen, die so handelten. Allerdings schnitten sie sich dadurch selbst von den Hilfsprogrammen ab, die von Dharamsala aus organisiert wurden. Diese tibetischen Siedlungen waren daher immer die ärmsten. In Dharamsala hatte mich darüber niemand aufgeklärt. Man gab mir einfach kein Empfehlungsschreiben, das mich als »Freund der Tibeter« ausgewiesen und mich berechtigt hätte, in Patli-Kuhl auch zu übernachten. Erst Schwester Ursula schenkte mir bezüglich dieser unschönen Verwicklungen, die mich auch in meinen späteren Aktivitäten noch behindern sollten, reinen Wein ein. Wir mussten uns im Nebenort eine kleine Pension zum Übernachten suchen.

Schwester Ursula bot uns an, zusammen mit ihr und dem achtzehnjährigen tibetischen Mädchen Chimey zu den tibetischen Straßenarbeitern bis an die Grenze von Spiti zu fahren, was wir freudig annahmen. Es war kein ganz einfaches Unternehmen, denn es war nicht einfach, Benzin zu bekommen. Doch es gelang: Wir konnten früh am Morgen mit gefüllten Benzinkanistern, Wasser, Proviant, Tee und Kocher in Schwester Ursulas altem Wehrmachtsjeep starten. Den berühmten Rothang-Pass erlebten wir in dichtem Nebel. Die tibetischen Straßenarbeiter wirkten wie Schemen im Dunst. Immer wieder mussten wir unseren Jeep anschieben, bis er ansprang. Wir schafften es bis nach Keylong, wohin vor über hundert Jahren auch die Herrnhuter Missionare gekommen waren. Ihre Beschreibungen der grandiosen Landschaft, die ich in alten Büchern gelesen hatte, gelten bis heute. Ihre Missionsbestrebungen waren zwar nicht von Erfolg gekrönt und noch immer gibt es dort keine Christen, doch die Bevölkerung spricht mit Ehrfurcht von den »weißen Lamas«, die neue Gemüsesorten wie grüne Bohnen und Kartoffeln sowie Roggen eingeführt hatten. Heute gehören die Erträge der ausgedehnten Kartoffelfelder zu den Grundnahrungsmitteln der Bewohner dieser kargen Gebirgstäler. Nur fünf Kartoffeln, in eine Dose eingelötet, waren einst von den Herrnhutern mitgebracht worden und diese bildeten den Grundstock für die heutigen reichen Ernten.

Wir wohnten bei einer Bauernfamilie, aßen mit allen Familienmitgliedern in der schwarz verräucherten Küche, wo wir auch unsere Schlafsäcke ausrollen durften. Sprachprobleme gab es diesmal keine – Schwester Ursula und Chimey sprachen Hindi und Tibetisch. Wir besuchten Klöster auf dem Weg und begegneten auch einer Engländerin, die seit zehn Jahren hier als buddhistische Nonne lebte: Es war die heute weltberühmte Tenzin Palmo, die gerade eine dreijährige Meditationsklausur in einer Höhle oben in den Bergen hinter sich gebracht hatte. Weiter ging es Richtung Spiti. Über den 4500 Meter hohen Kunsumla-Pass kamen wir nach Lossar in Spiti, wo nur mehr Tibetisch gesprochen wurde und auch alles andere, das Dorf, die Menschen, das Kloster, ganz und gar tibetisch wirkte. Eigentlich hatten wir gar keine Genehmigung, in das damals für Ausländer wegen der Nähe zur tibetischen Grenze noch streng gesperrte Spiti zu fahren, doch wir beschlossen, einfach bis Lossar weiterzufahren, sollten wir ungehindert über den Pass kommen. In Lossar, so hieß es, sei der Polizeiposten erst am hinteren Ende des Dorfes. Doch das entsprach nicht den Tatsachen. Das Polizeizelt befand sich vor dem Dorf, aber da es nicht besetzt war, fuhren wir einfach daran vorbei. In Lossar traf Chimey den Mönch, der sie und ihre Eltern vor fünfzehn Jahren auf der Flucht aus Tibet begleitet hatte. Damals war Chimey drei Jahre alt gewesen, und als sie den Mönch sah, kamen ihre Erinnerungen an die Flucht über den Himalaya wieder.

Wir wohnten bei einer ebenso freundlichen wie bettelarmen Familie. Schwester Ursula versorgte einige Familienmitglieder mit Medikamenten. Am nächsten Morgen ging es zurück Richtung Pass. Es war uns etwas mulmig wegen des Polizeipostens, doch wir fuhren einfach mit hoher Geschwindigkeit daran vorbei, sodass man gar nicht versuchte, uns anzuhalten. Mit dem Schnellfahren war es dann allerdings bald vorbei, denn nun begann der wirkliche Kummer mit unserem Jeep. Wir hatten nur schlechtes Benzin zur Verfügung. Die Zuleitung verstopfte immer wieder, sodass wir ständig anhalten mussten. Schwester Ursula kannte das Problem schon. Sie stieg aus, blies einige Male in den Tank, was vorübergehend half. Doch schon bald darauf – insgesamt etwa hundert Mal auf unserem Rückweg – setzte der Motor erneut aus und wieder musste geblasen und mit Muskelkraft angeschoben werden. Fahren konnte man nur bis etwa 15 Uhr, denn dann kamen die in der Mittagshitze abgetauten Gletscherwasser in Wasserfällen auf die Straße herab.

Die Landschaft mit ihren Schneebergen und Felswänden war von unbeschreiblicher Schönheit. Vor allem beeindruckt aber hat mich, wie schon in Ladakh, die tiefe

Stille und Einsamkeit in dieser unberührten Abgeschiedenheit des Himalaya.

Unterwegs hielten wir immer wieder bei den elenden Camps der Straßenarbeiter an. Bis zu einer Höhe von über 4000 Metern verrichteten die tibetischen Flüchtlinge, Männer und Frauen, Schwerstarbeit beim Bau und Instandhalten der Bergstraßen. Wir sahen beispielsweise eine junge Frau, die schwere Steine auf dem Rücken schleppte. Zwischendurch stellte sie ihre Last ab, um ihr Baby zu stillen, das am Straßenrand in einer kleinen Kiste lag. Schwester Ursula leistete etwas medizinische Hilfe und gab Medikamente aus. Das waren zwar nur Tropfen auf heiße Steine, aber trotzdem konnten wir ein klein wenig helfen.

Schließlich wurde unser Benzin auch noch knapp. Mit dem letzten Tropfen erreichten wir ein Lager, in dem wir erst einmal festsaßen. Ich fürchtete schon um meinen Rückflug nach Deutschland und schickte Stoßgebete gen Himmel. Schließlich verkaufte man uns aus Fässern zwanzig Liter Benzin und so kamen wir am späten Nachmittag trotz starkem Wind, Nebel und Regen sowie der immer gleichen Prozedur des Wiederanschiebens des Jeeps auf den Rothang-Pass. Auf der Abfahrt vom Pass erwischte uns ein schweres Gewitter. Da der Jeep keine Scheibenwischer hatte, mussten wir aus den Seitenfenstern hängen, um eventuelle Hindernisse auf der Straße oder entgegenkommende Lastwagen rechtzeitig auszumachen. Und dazwischen immer wieder aussteigen, in den Tank pusten und den Jeep anschieben. Endlich, gegen 20 Uhr, schon in tiefer Dunkelheit, empfingen uns die Freudenrufe der Kinder im Landschulheim. Und am nächsten Morgen ging es siebzehn Stunden lang mit dem

Bus nach Delhi, in die stickig heiße indische Metropole, die nach der herrlichen Gebirgslandschaft von Kulu fast deprimierend wirkte. Nachts um drei kamen wir dort an; zahllose Menschen schliefen auf den Gehwegen. Und wenig später saß ich im Flugzeug nach Deutschland mit dem festen Vorsatz, künftig den tibetischen Flüchtlingen mit allen mir zur Verfügung stehenden Mitteln zu helfen. Wenn ich in Rente gehe, so sagte ich mir, wird das meine neue Aufgabe im Leben.

Kapitel 4

Helfen ist nicht immer einfach

Die Arbeit für
die Tibeter beginnt

Auf Inspektionsreise in Ladakh

Zurück in Deutschland ging mein »normales Leben« wie
gewohnt weiter: Arbeit bei Siemens und Sorge für die Familie. Diese erste Reise nach Indien hat mich geprägt und
für mein Leben völlig neue Weichen gestellt. Vor allem
Menschen wie Schwester Ursula und auch andere standen mir als Vorbild vor Augen, dass jeder Einzelne viel
erreichen kann, wenn er sich nur mit ganzem Herzen für
seine Mitmenschen einsetzt. Zusammen mit Schwester
Ursula lernte ich einen Mann kennen, der eigenhändig
eine weltweite Hilfsorganisation aufgebaut hatte – Dr.
Hermann Gmeiner, Begründer der SOS-Kinderdörfer.
Als sich Schwester Ursula 1977 in Deutschland aufhielt,
hatte sie eine Einladung zu Dr. Gmeiner nach Imst in
Österreich und sie nahm mich mit. Der 1919 als sechs-
tes von neun Kindern einer Bergbauernfamilie geborene
Dr. Gmeiner war nach dem Zweiten Weltkrieg erschüttert vom Schicksal vieler Kriegswaisen. Und er war überzeugt, dass die üblichen Heime und Erziehungsanstalten
nicht der richtige Ort waren, um Kinder und Jugendliche
mit der nötigen Liebe und Geborgenheit zu betreuen.
Stattdessen reifte der Plan in ihm, ein Haus für Kinder zu
schaffen, in dem eine »Ersatzmutter« wie in einer richtigen Familie für die Kinder sorgt. Gleich mehrere Häuser
sollten es werden, zusammengefasst zu einem Kinder-

dorf. Als er 1948 seine Idee verschiedenen kirchlichen, staatlichen und privaten Stellen vortrug, erntete er nur rigorose Ablehnung. Dr. Gmeiner entschloss sich, seinen Plan in Eigeninitiative in die Tat umzusetzen. Er gründete einen Verein, der sich durch Spendengelder finanzierte, erhielt von der Gemeinde Imst in Tirol ein kostenloses Grundstück und erbaute mithilfe von Freunden und Unterstützern das erste Kinderdorfhaus. Im Sommer 1951 lebten dort bereits fünfundvierzig Kinder in fünf Kinderdorfhäusern. Der Keim einer später weltumspannenden Idee war aufgegangen. Heute gibt es SOS-Kinderdörfer in 132 Ländern der Erde. Auch für tibetische Flüchtlingskinder hat Dr. Gmeiner Kinderdörfer errichten lassen. Als ich zusammen mit Schwester Ursula bei ihm war, sprachen wir auch über die Situation in Ladakh. Ich bat Dr. Gmeiner, doch auch etwas für die ladakhischen Kinder zu tun. Ein SOS-Kinderdorf für Tibeter gab es zu dieser Zeit bereits in Ladakh. Dr. Gmeiner versprach, sich darum zu kümmern, und tatsächlich entstanden einige Jahre später sieben Kinderdorfhäuser für ladakhische Kinder. Die Tibethilfe hat von Anfang an auch Kinder in diesen SOS-Kinderdörfern mit Patenschaften unterstützt. Ich hatte über all die Jahre bis zu seinem Tod 1986 einen guten Kontakt zu Dr. Gmeiner. Ich bin mir allerdings nicht sicher, ob er wusste, dass die Tibethilfe schließlich über achthundert Patenschaften für Kinder in SOS-Dörfern verwaltete. Doch er schätzte meine Arbeit für die Tibethilfe sehr, wie sein Brief vom Juni 1981 an mich zeigt: »Darf ich Ihnen danken und Ihnen zum Erfolg aufrichtig gratulieren. Sie kennen ja mein Motto: Mehr tun, als man tun MUSS. Sie, liebe Frau Wäger, haben danach gehandelt und es ist schon unglaublich, dass

Sie innerhalb von zwei Jahren ohne öffentliche Werbung 650 Patenschaften vermitteln konnten. Auch ich, liebe Frau Wäger, habe mit einem Tropfen begonnen. Jetzt sind es Millionen, die mir helfen. Es gibt das Gute, man muss es nur aktivieren. Das haben Sie getan. Nochmals Dank und Anerkennung.«

Solche Briefe waren für mich natürlich Motivation, unbeirrt meinen Weg der Hilfe für die Tibeter weiterzugehen. Im Jahr 1978 feierte ich mein fünfundzwanzigjähriges Dienstjubiläum bei Siemens. Ich war neunundfünfzig Jahre alt und es war klar, dass ich ein Jahr später in Rente gehen würde. Dann, so hatte ich mir fest vorgenommen, würde ich meine Energie ganz den tibetischen Flüchtlingen widmen. Das wussten auch meine Kollegen und daher sammelten sie als Jubiläumsgeschenk Geld für meine nächste Reise nach Indien. Es kamen beachtliche dreitausendfünfhundert Mark zusammen. Meine Jubiläumsfeier fand an einem Freitagnachmittag in Germering bei München statt und trotz des Freitags, an dem die Leute doch gewöhnlich ins Wochenende starten, kamen etwa dreihundert Kollegen. Sie waren vermutlich neugierig, mein Gesicht zu sehen, wenn ich die kleine Kiste öffne, in die sie das Geldgeschenk gelegt hatten. Sie hatten an die Kiste ein Flugzeugmodell der Air India gehängt und außerdem ein altes Flugticket, aber ich begriff immer noch nicht, was ich da in Händen hielt. Als ich schließlich die Kiste öffnete und das Geld sah, sagten sie zu mir: »Das ist für Ihren Flug nach Indien und ein Dankeschön für Ihren außerdienstlichen sozialen Einsatz.«

Während meiner ganzen Zeit bei Siemens waren immer wieder Mitarbeiter oder deren Familien mit Sorgen und Problemen zu mir gekommen und ich hatte geholfen, so gut es mir eben möglich war. Diese Einstellung, Menschen zu helfen, diesen »sozialen Tick«, hatte ich von Kindheit an. Mir war das immer wichtig gewesen und zugleich war mir klar, dass man anderen auch völlig uneigennützig helfen kann, ohne das Soziale zum Beruf zu machen.

Ein Jahr später, an meinem sechzigsten Geburtstag, ging ich in Rente. Nun war die Zeit gekommen, ein zweites Mal nach Indien aufzubrechen. Eine Bekannte von mir, Dr. Eva Dargay, hatte von meinen Plänen erfahren, denn sie schickte mir einen Brief, in dem sie die bittere Not beschrieb, die im tibetischen Flüchtlingslager Choglamsar in Ladakh herrschte. Dr. Dargay führte gerade einen Forschungsauftrag in Ladakh durch und konnte mir aus erster Hand berichten. Kurz entschlossen schnitt ich ihren mehrseitigen Brief auf zwei Seiten zusammen, kopierte diese und schickte den komprimierten Bericht an alle Leute, die ich kannte und deren Adressen ich schon seit einiger Zeit gesammelt hatte. Es waren allesamt Menschen, die wie ich am Himalaya und an Tibet interessiert waren. Ich schrieb, ich würde bald nach Ladakh reisen und könne Geldspenden für das Flüchtlingslager persönlich überbringen. Ich konnte es kaum glauben – aber diese improvisierte Briefaktion brachte innerhalb eines Monats Spenden von über zwanzigtausend Mark ein.

Mein Flug war bereits gebucht, als ich erfuhr, dass S. H. Dalai Lama in die Schweiz kommen würde. In der Zwischenzeit hatte ich Dr. Jan Anderson kennengelernt, der sich schon lange von Schweden aus für die Tibeter im Exil einsetzte, und Jan sagte zu mir: Da fahren wir gemeinsam hin und versuchen, ob wir eine Audienz bekommen. Und tatsächlich konnte er erreichen, dass der

Dalai Lama uns beiden und einer Freundin eine Privataudienz gewährte. Zu dritt wurden wir beim Dalai Lama vorgelassen und er fragte ohne Umschweife: »Haben Sie ein besonderes Anliegen?«

Ich antwortete ihm: »Ja, ich möchte gerne Ihren Segen für meine bevorstehende Reise nach Indien und für die Arbeit, die ich mir vorgenommen habe. Ich möchte sehen, wo die Not am größten ist, und dort will ich dann helfen.«

Der Dalai Lama spendete bereitwillig seinen Segen. Nach der Audienz überlegte ich mir: Na ja, vermutlich hat er sich gedacht, schon wieder so eine, die irgendetwas bewegen will und es kommt am Ende trotzdem nichts dabei heraus.

Ich stellte dem Dalai Lama bei unserer Audienz auch eine etwas peinliche Frage: »Ich werde versuchen, für die Tibeter im Exil Geld aufzutreiben, aber die Leute, die ich um Geld bitte, werden mir sicherlich sagen: Gut und schön, aber die Tibeter haben doch angeblich sehr viel Gold aus ihrem Staatsschatz aus Lhasa mit nach Indien gebracht. Die brauchen doch gar keine Hilfe.« Da war der Dalai Lama eine Weile still, schließlich antwortete er: »Ja, es stimmt, wir haben Gold mitgenommen auf der Flucht, allerdings nicht so viel, wie immer behauptet wird. Das Gold haben wir bei der Bank hinterlegt, und wenn dringende Projekte anstehen, holen wir etwas Gold von der Bank, um es zu verkaufen.«

Ich fand es außergewöhnlich, dass der Dalai Lama mit mir, einer völlig Fremden, über solch vertrauliche Dinge so offen sprach. Die Tibeter hatten übrigens kein Glück mit ihrem aus Lhasa geretteten Goldschatz, denn der wurde schließlich für insgesamt etwa acht Millionen Dollar auf dem freien Markt verkauft und der Großteil des Erlöses ging danach durch unglückliche Spekulationen verloren. Die Verantwortlichen in der tibetischen Exilregierung waren mit den harten Geschäftspraktiken westlicher Finanzmärkte schlichtweg überfordert. Nur etwa ein Fünftel des ursprünglichen Erlöses blieb den Tibetern im Exil erhalten.

Ende August, am Morgen nach meinem letzten Arbeitstag, praktisch vom Schreibtisch aus, brach ich nach Indien auf. Die zwanzigtausend Mark Spendengelder für Ladakh hatte ich in bar in meinen Seesack gepackt und ich trug ein kleines deutsch-englisches Wörterbuch bei mir, denn ich sprach kaum Englisch. Trotzdem hatte ich mir vorgenommen, drei Monate lang auf eigene Faust durch ganz Indien zu reisen, um möglichst viele tibetische Exilsiedlungen zu besuchen. Mein Rückflug war erst für November gebucht. Bevor ich mit der Hilfe für die Tibeter begann, wollte ich mir ein möglichst genaues Bild ihrer Situation machen.

Als ich am Flughafen von Delhi ankam, stand ich inmitten von all diesem Chaos, den lärmenden, unverständlichen Lautsprecher-Durchsagen und dachte entmutigt: Ich nehme das nächste Flugzeug zurück.

Glücklicherweise konnte ich dann für die ersten beiden Tage die Unterstützung eines Siemens-Mitarbeiters in Anspruch nehmen, der zu dieser Zeit gerade in Delhi arbeitete und mir behilflich war, meine erste Unterkunft zu finden. Auch in Srinagar, meiner nächsten Station, konnte ich auf Beistand zählen, dort wartete Mr Gergan auf mich. Bei meiner ersten Reise 1975 hatte ich in Leh bei den Herrnhuter Brüdern Mr Joldan kennengelernt. Und Mr Gergan und Mr Joldan hatten eine interessante Gemeinsamkeit. Als die Herrnhuter Brüder im Westhimalaya missionierten, stießen zwei tibetische Mönche, die aus ihrer Heimat fortgezogen waren, auf die Patres und ließen sich taufen. Der eine war der Vater von Mr Joldan, der andere der Vater von Mr Gergan!

Bei meinem ersten Besuch in Ladakh hatte ich auch das Bild eines weiß gekleideten Mannes bekommen und es war mir gesagt worden: Das ist ein Herrnhuter, der gerade ein Buch über Ladakh schreibt. Nach meiner Rückkehr interessierte ich mich sehr dafür, was das wohl für ein Buch sein würde, denn es gab zu dieser Zeit keinerlei moderne Literatur über Ladakh. Ich schrieb also an die Herrnhuter und legte das Foto bei, mit der Bitte, man möge mir doch bitte sagen, wer dieser Mann sei und wie man ihn erreichen könne. Und tatsächlich antworteten die Herrnhuter, dies sei Mr Gergan, der in Srinagar lebe. Er sei ein hervorragender Kenner Ladakhs. Ich hatte daraufhin mit ihm Kontakt aufgenommen und dieser Mr Gergan nun holte mich am Flughafen von Srinagar ab. Ich verbrachte einige sehr interessante Tage mit ihm. Er informierte mich intensiv über Ladakh und besorgte mir auch Ticket und Platzkarte für den Bus nach Leh. Er half mir noch, mein Gepäck im Bus unterzubringen, und winkte mir zum Abschied zu, dann aber war ich wieder auf mich allein gestellt. Es ging wie schon bei meiner ersten Reise über den Zojila-Pass bis Kargil, die zweitgrößte Ansiedlung Ladakhs. Eva Dargay hatte mir gesagt, in Kargil solle ich für die unvermeidliche Zwischenübernachtung ins Gästehaus gehen. Die Hoffnung, Eva dort zu treffen, wie sie es in Aussicht gestellt hatte, erfüllte sich leider nicht. Das Gästehaus war an einen steilen Abhang gebaut. Ich fand einen alten Mann, der meinen Seesack hinaufschleppte, als wir jedoch oben ankamen, hieß es: »Nein, alles belegt.« Da rief plötzlich jemand, was ich denn wolle. In meinem brillanten Englisch brachte ich heraus: »Sleeping. Bed.« Es stellte sich heraus, dass der Mann, der mich gerufen hatte, der kaschmirische Reiseleiter meiner ersten Reise war und mich sofort erkannt hatte. Er sagte: »I have a bed for you on the roof.« Doch selbst dafür reichten meine Englischkenntnisse nicht aus. Ich wusste nicht, was das Wort »roof« (Dach) bedeutet. Er stieg mit mir die Treppen und Leitern hoch auf das flache Dach des Gästehauses. Dort standen einige Bettgestelle unter freiem Himmel. Auf einem davon durfte ich meinen Schlafsack ausbreiten. Mein guter Engel machte mir noch verständlich, er werde morgen früh einen Träger schicken, der meinen Seesack zum Bus bringen würde. Die Nacht brach herein. Ich lag in meinem Schlafsack und schaute in den herrlichsten Sternenhimmel, den ich jemals in meinem Leben gesehen habe. Als ich gerade am Einschlafen war, kam ein Hund auf das Dach und schnüffelte herum. Ich überlegte: Wo kommt der denn her? Der kann doch unmöglich im Haus die steile Leiter auf das Dach heraufgeklettert sein. Ich stand auf, nahm meine Taschenlampe und bemerkte, dass sich in der kleinen Mauer, die das Dach einfasste, eine Tür befand. Ich öffnete die Tür und sah, dass sie auf eine Straße führte. Das Haus schmiegte sich derart eng an den steilen Hang, dass man direkt vom Dach auf diese Straße gelangen konnte. Jedermann konnte nach Belieben von der Straße aus das Dach des Gästehauses betreten. Mir wurde ein wenig mulmig, denn man hatte mir erzählt, dass erst zwei Tage vorher in Kargil zwei Touristen ermordet und ausgeraubt worden waren. Mit Sorge dachte ich an die zwanzigtausend Mark in meinem Seesack. Es wurde mir klar: Ich durfte auf keinen Fall einschlafen. Also band ich mein Gepäck ans Bettgestell und versuchte mich mit aller Willenskraft wach zu halten, obwohl ich von der Busreise sehr müde war. Plötzlich kam jemand auf das Dach und zählte die noch freien Betten. Ihm auf dem Fuße folgten fünf ziemlich wild aussehende Männer, die diese Betten in Beschlag nahmen. Einer von ihnen trat an mein Bett heran und sagte: »I, bus.« Aha, dachte ich, das ist der, der morgen früh mein Gepäck zum Bus tragen wird. Kurz darauf schlief ich doch ein. Um vier Uhr morgens weckte mich der Mann mit den Rufen: »Bus, bus.« Ich antwortete in meinem gebrochenen Englisch: »No, Bus 6 o'clock.« Also legte er sich wieder schlafen und wäre vermutlich nicht rechtzeitig aufgewacht, hätte ich mich nicht wach gehalten und ihn geweckt.

Am Ende ging alles gut. Ich wurde nicht ausgeraubt, erwischte rechtzeitig meinen Bus und kam unbeschadet und ohne weitere Schwierigkeiten in Leh an. Dort traf ich Mr Joldan, der mir ein Quartier besorgte. Tags darauf fuhr ich zum tibetischen Flüchtlingslager Choglamsar und lieferte dort bei den Verantwortlichen meine zwanzigtausend Mark ab. Tatsächlich war damals in Choglamsar, das sich heute als verhältnismäßig ordentliche, solide gebaute Ortschaft präsentiert, alles noch außerordentlich arm und improvisiert. Ich war erschüttert über die schlechten Unterkünfte, in denen die tibetischen Flüchtlinge hausen mussten. Die Repräsentanten von Choglamsar gaben mir noch zwei Adressen von tibetischen Siedlungen in Südindien, die ich unbedingt besuchen sollte.

Doch Choglamsar war nicht die einzige Einrichtung in Ladakh, die Hilfe benötigte. Ich besuchte auch die Lamdon-Schule in Leh. Diese Privatschule war gegründet worden, weil in den staatlichen Schulen Ladkahs nur Lehrer eingesetzt wurden, die entweder Muslime oder Hindus waren. Also hat sich eine Reihe buddhistischer Ladakhis zusammengetan, um diese Privatschule zu bauen und buddhistische Lehrer zu engagieren. Der Schulbetrieb war gerade in den Anfängen, als ich die Schule besuchte. Auf die Lamdon-Schule war ich durch eine ganz besondere Kontaktperson aufmerksam geworden.

Schon 1977 hatte ich brieflichen Kontakt mit einer Frau in Ladakh aufgenommen, mit Parvati Devi, der Rani von Stok. Als im 19. Jahrhundert die Könige von Ladakh von den Engländern entmachtet wurden, zog sich die Königsfamilie in ihren Palast im Dorf Stok zurück. Wäre die Monarchie in Ladakh noch in Kraft, so wäre die Rani von Stok heute die Königin. Ende Oktober 1977 schrieb ich ihr: »Was können wir für die Ladakhi tun?« Die Rani von Stok antwortete umgehend und wies mich auf die damals noch in Planung befindliche Lamdon-Schule in Leh hin. Als ich nun die Schule besuchte, nahm ich dreißig Patenbriefe auf und machte mit meiner simplen kleinen Kamera Fotos von den potenziellen Patenkindern. Die Lamdon-Schule war das erste Patenprojekt, das ich selbst ins Leben rief. Es wird bis heute von der Deutschen Tibethilfe betreut. Und mit der Rani von Stok, die ich bei späteren Ladakh-Reisen stets besuchte, verbindet mich bis heute eine gute Freundschaft.

Bevor ich ins indische Tiefland zurückkehrte, besuchte ich noch einige der ladakhischen Klöster, die ich von meiner ersten Reise kannte. Zurück in Nordindien fuhr ich zunächst nach Dalhousie. Ein Mitglied der Tibethilfe hatte mich darum gebeten. Er schickte dem dortigen

Rinpoche regelmäßig Hilfsgelder und unterstützte ihn zusätzlich, indem er die Teppiche, die der Rinpoche sandte, in Deutschland verkaufte und den Erlös nach Indien überwies. Doch er klagte, dass er seit einiger Zeit keine Quittungen mehr für die Gelder bekäme. Ich solle doch nachsehen, was da los sei. In Dalhousie fand ich eine Frau, die mich führen und übersetzen konnte, und wir gingen gemeinsam zum Haus dieses Rinpoche. Auf dem Weg erzählte mir die Frau, dass der Rinpoche schon seit Längerem die Hilfsgelder nicht mehr an die Bedürftigen verteile, sondern für sich behalte. Der Rinpoche war ein außergewöhnlich dicker Mann, der im Empfangsraum seines Hauses auf einem Bett saß. Er war so dick, dass er nicht mehr auf einen Stuhl passte. Als ich ihn nach den Quittungen und den Hilfsgeldern fragte, druckste er unsicher herum. Er hatte tatsächlich das Geld für sich behalten und sich davon das Haus gekauft, in dem er jetzt lebte. Als ich zu ihm sagte: »Aber Sie müssen doch nur, wenn Sie das Geld von der Bank holen, eine Quittung dafür ausstellen lassen«, antwortete er ziemlich verlegen: »Ja, schon, aber dann wissen die anderen doch, wie viel Geld ich einnehme.«

Für mich war diese Begegnung natürlich eine Riesenenttäuschung, denn ich sah an diesem praktischen Beispiel, wie schwer es doch sein kann, auf die richtige Weise zu helfen. Wie konnte man im fernen Deutschland, wo man sich voll Idealismus für die Tibeter engagierte, wissen, dass ein Rinpoche, ein höhergestellter buddhistischer Mönch, der allein aufgrund seines religiösen Status vertrauenswürdig schien, die mühsam gesammelten Hilfsgelder für die Flüchtlinge veruntreute? Zugleich war dieser Fall eine Warnung für meine eigene Arbeit. Es

wurde mir klar, dass man alle Hilfsprojekte stets regelmäßig persönlich vor Ort überprüfen muss, um sicher-
zustellen, dass die Gelder auch zweckgemäß verwendet
werden. Ich berichtete meine Erfahrung später natürlich
in Deutschland und die Geldüberweisungen für diesen
Rinpoche wurden umgehend eingestellt. Freilich machte
ich mir mit meiner Ehrlichkeit und später auch mit meinen konsequenten Nachprüfungen in Indien nicht nur
Freunde.

Eine Lebensentscheidung

Nach Dalhousie besuchte ich Dharamsala und besich-
tigte verschiedene tibetische Einrichtungen, bevor ich
nach Bir weiterfuhr, zu meinem persönlichen »Patenkind« Rigo Tulku und seinen Mönchen, die ich auf meiner ersten Reise schon besucht hatte. Weiter ging es nach
Manali zu Schwester Ursula und den von ihr betreuten
Kindern. Dort ging es ganz langsam etwas besser, aber
die Kinder lebten noch immer in einfachen Holzbara-
cken und konnten im Winter ihren Schlafsaal nicht verlassen, weil sie keine Schuhe besaßen. Sie mussten den
langen Winter in ihren engen Räumen auf den Frühling
warten. Die finanziellen Möglichkeiten von Schwester
Ursula waren äußerst eingeschränkt und es war ihr nicht
möglich, aus eigenen Kräften Abhilfe zu schaffen.

Nach ein paar Tagen fuhr ich mit dem Bus weiter nach
Rewalsar und Clementown, und schließlich nach Moussouri. Während meiner ganzen Reise übernachtete ich
nicht in Hotels, sondern stets privat, meist bei den Tibetern. Irgendwo stand immer ein Bettgestell herum, auf

dem ich meinen Schlafsack ausrollen konnte. Diese Angewohnheit habe ich auch auf meinen späteren Reisen beibehalten und aus diesem Grund war ich immer eng und direkt mit den Menschen verbunden, denen unsere Hilfsprogramme zugutekamen.

Die nächste Station war Darjeeling, wo ich Thuksey Rinpoche besuchte, den Lama, dem ich auf meiner ersten Reise in Mulbeck begegnet war, weil ich einem Mönch ein Bild von ihm vorgezeigt hatte. Im Kloster von Thuksey Rinpoche habe ich mir intensiv Gedanken über meine persönliche Zukunft gemacht. Wie sollte es weitergehen mit mir? Eine ganze Nacht lang wälzte ich entscheidende Fragen: Soll ich Tibetisch lernen und intensiv den buddhistischen Weg gehen? Oder soll ich meinem »sozialen Tick« folgen? Am Morgen war mir klar, dass für dieses Leben der Weg der aktiven karitativen Hilfe für mich der richtige ist. Jener andere des religiösen Studiums und der Meditation wartete vielleicht im nächsten Leben auf mich.

Der tibetische Buddhismus hat mich immer schon sehr interessiert. Ich stand in Kontakt mit dem tibetischen Zentrum in Hamburg und dem dort ansässigen Geshe Thupten Ngawang, der vom Dalai Lama nach Deutschland geschickt worden war, um die Buddhisten der Gelugpa-Schule zu betreuen. Ich hatte auf Empfehlung von Freunden auch ein mehrtägiges Seminar von Geshe Rabten besucht. Und wir hatten in München eine kleine Gruppe von Buddhismus-Interessierten ins Leben gerufen. Da wir keinen Lehrer hatten, besuchten wir regelmäßig den kleinen buddhistischen Kalmücken-Tempel in Ludwigsfeld, einem Vorort von München. Wir haben gemeinsam buddhistische Literatur gelesen und darüber gesprochen und wir haben interessante Lehrer eingeladen, zum Beispiel Kamthul Rinpoche von Tashi Yong, den Guru der englischen Nonne Tenzin Palmo, der ich bei meiner ersten Reise begegnet war, als sie gerade von einer mehrjährigen Meditationsklausur in einer Himalayahöhle zurückkehrte.

Auch Ole Nydal hielt ab und zu einen Vortrag. Ole war einer der ersten Buddhisten aus dem Westen, der vom Karmapa, dem Oberhaupt der Karma-Kagyü-Schule des tibetischen Buddhismus, die Lehrbefugnis erhalten hatte und der in ganz Europa buddhistische Zentren begründete. Eines Tages kam Ole wieder zu Besuch und kündigte an, dass Kalu Rinpoche, ein berühmter Lama der Karma-Kagyü-Schule, nach Deutschland käme, um Belehrungen zu geben. Wir sollten bei der Organisation von Kalu Rinpoches Auftritt in München helfen. Wir waren sehr angetan. Der Tempel, in dem wir uns gewöhnlich trafen, war für ein solches Ereignis natürlich viel zu klein und so mieteten wir den Gemeindesaal von St. Bonifaz, ohne wirklich zu wissen, ob wir genügend Menschen zusammenbekommen würden, um den Raum zu füllen. Ich sprach alle Bekannten an, von denen ich glaubte, dass sie Interesse haben könnten, und schließlich, als Kalu Rinpoche erschien, war der Saal, der hundert Menschen fasste, fast ganz gefüllt. Er hielt seinen Vortrag auf Tibetisch, wurde von Ole Nydal und seiner Frau Hannah übersetzt und zum Abschluss sagte der Rinpoche: »Wer Zuflucht nehmen will, der hat jetzt dazu Gelegenheit. Niemand muss seiner Kirche oder Religion abschwören, um Buddhist zu werden.« Die »Zufluchtnahme« zu Buddha, Dharma (buddhistische Lehre) und Sangha (buddhistische Gemeinschaft) ist der formelle Akt, dem

Buddhismus beizutreten. Ich war sehr überrascht, als tatsächlich etwa vierzig Menschen nach vorn gingen, um Zuflucht zu nehmen. Ich selbst hatte schon einige Zeit früher bei Geshe Rabten Zuflucht genommen. Kalu Rinpoche begründete daraufhin mit uns eine Rime-Gruppe, die Anhängern aller buddhistischen Schulen offenstand. Die Rime-Bewegung war im Tibet des 19. Jahrhunderts entstanden, um Spaltungen und Sektierertum bei den verschiedenen Schulen des tibetischen Buddhismus zu überwinden. Im Raum München kristallisierte sich eine Kerngruppe von etwa fünfundzwanzig Leuten heraus. Wir trafen uns regelmäßig, besprachen buddhistische Themen und waren sehr glücklich über unser Zusammensein.

Ein Jahr später aber kam Ole Nydal und überbrachte eine Botschaft des Karmapa. Neben dem Dalai Lama und dem Panchen Lama, die beide der Gelugpa-Schule des tibetischen Buddhismus angehören, zählt der Karmapa als Oberhaupt der Karma-Kagyü-Schule zu den wichtigsten Inkarnationslinien Tibets. Tatsächlich hat der zweite Karmapa im 12. Jahrhundert das typisch tibetische System der Tulkus, der wiedergeborenen Lamas, überhaupt erst eingeführt. Die Inkarnationslinie der Karmapas ist also über achthundert Jahre alt und der Karmapa, der durch seinen Abgesandten Ole Nydal diese Botschaft an uns überbringen ließ, war der 16. in dieser ununterbrochenen Linie. Der Karmapa ließ ausrichten, dass die Rime-Gruppe getrennt werden müsse. Die Karma-Kagyüs dürften nicht dazugehören, sie sollten selbstständig sein. Doch nur etwa die Hälfte unserer Gruppe waren Kagyüs, die anderen gehörten den Gelugpas oder Nyingmapas an. Das bedeutete das sichere Ende unserer kleinen Gemeinschaft. Wir waren entsetzt, denn diese Rime-Gruppe war für uns alle sehr wichtig. Nun, bei meiner Reise in Indien, wollte ich den Karmapa besuchen und mit ihm persönlich über diese Angelegenheit sprechen.

Mein nächstes Reiseziel war also Rumtek, das Kloster des Karmapa in Sikkim. Auch der Karmapa war aus Tibet geflüchtet, und zwar noch vor dem Dalai Lama. Der König von Sikkim hatte ihm Land und Hilfsmittel zum Bau seines neuen Stammklosters im Exil zur Verfügung gestellt. Ich wurde empfangen, und obwohl es mit meinem schlechten Englisch etwas umständlich war, konnte ich doch mithilfe von zwei dolmetschenden Mönchen etwa eine Stunde über mein Anliegen sprechen. Wir saßen bei Volieren mit zahlreichen Vögeln, die dem Karmapa gehörten und die während unseres Gesprächs einen ziemlichen Lärm machten. Der Karmapa blieb dabei: »Man kann Milch und Bier nicht zusammengießen. Man muss diese Gruppe trennen.« Ich konnte diese Begründung nicht akzeptieren, denn wir waren in unserer kleinen Gruppe doch erst ganz am Anfang und wollten nur allgemein über den Buddhismus lernen. Die meist sehr feinen Unterschiede zwischen den einzelnen tibetischen Schulrichtungen waren für uns gar nicht relevant. Ich habe meinen Standpunkt klar vertreten, der Karmapa blieb immer freundlich und verbindlich, ließ sich jedoch auf keinen Kompromiss ein. Ich konnte bei der Gelegenheit auch eine Reihe von Fotos von ihm machen, die später sogar in Büchern abgedruckt wurden. Obwohl ich keinen Erfolg hatte mit meinem Anliegen, blieb mir vom Karmapa doch der positive Eindruck eines sehr gelehrten, freundlichen und gütigen Mannes.

Von Rumtek aus reiste ich nach Sonada, wo sich die

Residenz von Kalu Rinpoche befand. Ich erzählte auch ihm von der Auflösung der von ihm gegründeten Rime-Gruppe, doch er konnte sich natürlich nicht gegen den Karmapa, das Oberhaupt seiner Schule, stellen. Auch fragte ich ihn nach dem tibetischen Handwerkszentrum, das mein Freund Jan Anderson zusammen mit seiner schwedischen Gruppe als Hilfsprojekt für die tibetischen Flüchtlinge in Sonada aufgebaut hatte. Er antwortete: »Ich habe keine Ahnung. Ich weiß nur über mein Kloster Bescheid.« Ich war entsetzt, denn die Siedlung der tibetischen Flüchtlinge lag gerade einmal drei Minuten vom Kloster entfernt. Auch später musste ich immer wieder schmerzlich erfahren, dass viele Mönche, Rinpoches, aber auch Laien, sich nur um ihr eigenes Kloster oder um ihren eigenen Familienclan kümmerten und für ihre anderen Landsleute in Not keinerlei Interesse zeigten. Bei aller Betonung des Mitgefühls im tibetischen Buddhismus musste ich feststellen, dass die tätige Nächstenliebe doch oftmals sehr zu kurz kommt, obwohl der Dalai Lama stets darauf hinweist, dass die Buddhisten diesbezüglich sehr viel von den Christen lernen können.

Der zweite Schock in Sonada war das Nonnenkloster. Es lag unweit des Klosters von Kalu Rinpoche und die Nonnen suchten den Rinpoche auch regelmäßig auf. Es lebten nur etwa zehn alte tibetische Nonnen dort in elenden Verhältnissen. Es regnete in ihre Behausungen hinein, alles war feucht und lehmig und wirkte wie ein Schweinestall. Niemand hatte diesen Nonnen geholfen, obwohl im Kloster von Kalu Rinpoche immer wieder reiche Leute aus dem Westen zu Gast waren, die üppige Spenden hinterließen. Auch dieses Nonnenkloster kam auf die Liste der Hilfsprojekte, um die ich mich kümmern wollte. Wir schickten später Geld, damit die Nonnen ein regendichtes Dach über den Kopf bekamen. Doch die morschen Balken der Unterkünfte hielten das neue Dach nicht aus und brachen zusammen. Also bauten wir mit Spendengeldern Einzelunterkünfte für die Nonnen und statteten auch ihren kleinen Tempel mit einem neuen Dach aus. Jahre später, als ich wieder einmal in Sonada vorbeikam, sagten die alten Nonnen: »Immer wenn der Regen auf das Dach trommelt, denken wir mit großer Dankbarkeit an die, die uns geholfen haben.« Wir unterstützten sie später auch mit Lebensmitteln. Von ihren reichen Glaubensbrüdern vor Ort, die im prachtvollen Kloster von Kalu Rinpoche residierten, haben sie allerdings nie auch nur die geringste Hilfe bekommen. Auch an diesem Fall konnte ich sehen, dass helfen nicht immer einfach ist, dass man sehr achtsam sein muss, damit die gut gemeinten Spenden auch die richtigen, wirklich bedürftigen Empfänger erreichen.

In Südindien

Zuletzt standen die tibetischen Siedlungen in Südindien auf dem Programm. Von Darjeeling aus reiste ich nach Madras zur Children Garden School, in der damals schon etwa fünfzig tibetische Kinder unterrichtet wurden. Die tibetischen Verwaltungsbehörden in Dharamsala wussten aber nichts von der Existenz dieser Schule. Sie war ursprünglich von einer Deutschen gegründet worden, die mit einem indischen Professor verheiratet war. Inzwischen besuchen ungefähr zweitausend Kinder diese Schule. Meine Aufgabe war es, die exiltibetischen Behörden zu veranlassen, den tibetischen Kindern in Madras auch Unterricht in der klassischen tibetischen Kultur zukommen zu lassen, und ich sorgte auch dafür, dass hin und wieder ein Mönch sie besuchte, um traditionelle religiöse Zeremonien mit ihnen durchzuführen.

Von Madras reiste ich nach Bangalore weiter, heute das Zentrum der blühenden indischen Computerbranche. Ich wusste, dort gibt es das Restaurant »Rice Bowl«, das der Schwester des Dalai Lama gehört und von Tibetern geführt wird. Ich ging hin und plauderte ein wenig mit den jungen Tibetern. Sie fragten mich, ob ich schon eine Unterkunft hätte. »Nein«, antwortete ich und da boten sie mir an, bei ihnen zu übernachten. Ich besuchte auch eine Freundin von Schwester Ursula, die beim Goethe-Institut tätig war, bevor ich nach Bylakuppe weiterfuhr. Der Bus ging bis Mysore, von dort aus musste man mit dem Taxi weiter nach Bylakuppe fahren, was zu dieser Zeit noch ein kleines Abenteuer war. Aber ich kam wohlbehalten an und fand Unterkunft bei einer jungen Frau, deren Adresse ich in Ladakh von Tibetern bekommen hatte. In Bylakuppe befinden sich zwei große tibetische Flüchtlingssiedlungen und dort haben die Tibeter auch die Großklöster der verschiedenen buddhistischen Schulen neu errichtet. Bylakuppe ist eines der wichtigsten Zentren der Exiltibeter. Auf die Bitte von Freunden, die in Bylakuppe zwei Patenmönche unterstützten, besuchte ich das Drikung-Kloster von Ayang Rinpoche, um Fotos von diesen beiden Mönchen zu machen. Man schickte zwei Mönche zu mir, ich unterhielt mich mit ihnen, vergaß aber, die Fotos aufzunehmen. Also bin ich später noch einmal ins Kloster gegangen und sagte, dass ich noch Fotos für die Paten der beiden machen müsse.

Man schickte mir wieder zwei Mönche, es waren jedoch andere als zuvor. Auch das war für mich eine wichtige Lernerfahrung, denn mitunter beweisen die Tibeter unverfrorene Schlitzohrigkeit, wenn es darum geht, an Patengelder aus dem Westen zu kommen, und sie schrecken auch vor solchen Verwechselspielen nicht zurück. Wer im fernen Deutschland kann schließlich wissen, wie die richtigen Patenmönche aussehen?

Ich stellte fest, dass die Gelder in den Klöstern nicht immer gerecht verteilt wurden. So fiel mir beispielsweise im Kloster Sera, einem der größten tibetischen Exilklöster in Südindien, auf, dass die jungen Mönche blass und mager aussahen. Auf Nachfrage sagte man mir: »Wir haben nur eine Küche, die nicht für alle Mönche ausreicht. Also wird nur für die älteren Mönche gekocht. Die jungen bekommen nur Tsampa (geröstetes Gerstenmehl).« Das empörte mich und ich antwortete: »Wenn ich in zwei Jahren wiederkomme und die jungen Mönche immer noch so aussehen, dann beende ich alle Patenschaften in Sera.« Zwei Jahre später hatte sich die Situation umgekehrt – nun waren die jungen Mönche gut ernährt und die älteren sahen schlecht aus. Erst bei meinem nächsten Besuch war das Problem gelöst. Man veranstaltete eine große Feier, bei der alle ehemaligen Äbte anwesend waren, bat mich nach vorn und eröffnete mir, dass man nun zwei Küchen habe und ab sofort alle Mönche genug zu essen bekämen.

Mit Geshe Tashibum vom Kloster Sera habe ich die Problematik der richtigen Verwendung von Spendengeldern später ganz offen angesprochen. Der Geshe war sehr nett zu mir und wir haben uns mithilfe eines Dolmetschers bestens unterhalten. Ich war ganz ehrlich zu ihm: »Ich kann das nicht verstehen«, sagte ich. »Diejenigen, die Verbindung in den Westen haben und Patengelder bekommen, die können sich den Bauch vollschlagen, die anderen aber leiden Hunger. Unter Buddhismus verstehe ich etwas anderes. Ein Geshe, der zwanzig Mönche unter sich hat, muss dafür sorgen, dass alle gleichermaßen etwas zu essen haben. Die Spendengelder müssen doch gerecht unter allen verteilt werden.«

Der Geshe hörte sich das wohlwollend an und sagte schließlich: »Kommen Sie doch bitte morgen wieder und erzählen Sie das unseren Mönchen.« Naiv, wie ich war, dachte ich mir nichts weiter dabei und sagte zu. Am nächsten Tag kam ich ins Kloster und sah, dass alles vorbereitet war – ein Tischchen mit einem Blumentopf und zwei Stühle. Ein Stuhl war für mich, der andere für einen Sekretär, der mein gebrochenes Englisch ins Tibetische übersetzen sollte. Auch mein Publikum war bereits versammelt, es bestand aus etwa einhundertfünfzig meist älteren Mönchen. Ich erzählte ihnen frei von der Leber weg, was ich am Vortag auch mit dem Geshe besprochen hatte. Viel später, in Deutschland, sollte meine Rede allerdings noch ein Nachspiel haben. Ich besuchte mit einer Freundin Geshe Rabten, bei dem ich vor Jahren Zuflucht genommen hatte. Doch Geshe Rabten wollte mich nicht empfangen. Ich sagte, ich wolle doch nur kurz Grüß Gott sagen. Da erschien Geshe Rabten, setzte sich auf seinen Thron und war zunächst sehr freundlich zu mir. Ich sei doch in Indien gewesen, meinte er. Plötzlich wurde sein Gesicht grün vor Zorn und er begann mit heftigen Vorwürfen: Wie käme ich dazu, in Sera-Jhe den Mönchen zu erzählen, dass er, Geshe Rabten, sein Haus in Sera besonders unterstützen lasse, dass er nur Söhne von reichen tibetischen Adeligen bei sich aufnehme und so weiter. Ich verneinte energisch. Niemals hatte ich solche Dinge gesagt. Er konfrontierte mich mit weiteren Klagen, die ich angeblich gegen ihn vorgebracht hatte. »Nein, nein, nein, das habe ich nie gesagt!«, war meine Antwort. Da beruhigte er sich, wies auf den Übersetzer namens Helmut neben uns und sagte: »Ich weiß ja auch nicht, ob Helmut alles korrekt übersetzt, was du und ich sagen.« Die Sache verhielt sich wohl so, dass mein Übersetzer in Bylakuppe die Gelegenheit meines Vortrags beim Schopf gepackt hatte, um den Mönchen in meinem Namen alle möglichen Dinge zu sagen, die er selbst schon lange loswerden wollte. Und die Mönche berichteten das dann an Geshe Rabten. So war ich unwissentlich Teil einer tibetischen Klosterintrige geworden. Als ich das nächste Mal nach Bylakuppe kam, sah ich im Kloster Sera diesen Übersetzer, der mir das alles eingebrockt hatte, nur kurz über den Hof flitzen und auf Nimmerwiedersehen verschwinden. Was ich den Mönchen wirklich gesagt hatte in meiner kleinen Rede, das war freilich nicht übersetzt worden. Man sieht, richtiges Helfen kann auch durch simple Sprachprobleme erschwert werden.

Sprachprobleme gab es damals in Indien allerorten. Vor allem die älteren Tibeter hatten in den meisten Fällen nie ein Wort Englisch gelernt. Die junge tibetische Generation lernt Englisch in der Schule, als ich jedoch die Siedlungen in Indien zu besuchen begann, war es stets eine Seltenheit, jemanden zu finden, der mein gebrochenes Englisch, das ich mit unzähligen Blicken in mein kleines Wörterbuch etwas aufzuwerten verstand, ins Tibetische übersetzte. Überhaupt erlebte ich die tibe-

tischen Siedlungen in Südindien noch ganz in ihren Anfängen. Mancherorts wurde gerade mit der Teppichknüpferei begonnen, die später beträchtlich zum Wohlstand der Tibeter beitrug. Damals arbeiteten sogar die
Mönche vieler Klöster noch eigenhändig auf den Feldern, die man ihnen zugeteilt hatte. Alle tibetischen
Flüchtlinge bekamen in den Siedlungen Grund und Boden zugeteilt, den sie zu bearbeiten hatten, auch die
Mönche. Ich sah sie in ihren roten Kutten arbeiten, um
sich durch den Verkauf von Getreide, vorwiegend Mais,
ein kleines Zubrot zu verdienen. Erst später stellten die
Klöster indische Arbeiter ein, die diese für buddhistische
Mönche eigentlich nicht schickliche Feldarbeit übernah-
men. Auch der sogenannte Pullovermarkt war gerade im
Entstehen. Geschäftstüchtige Tibeter liehen sich in Klöstern Geld, kauften in indischen Fabriken Pullover, setzten sich an den Straßenrand und verkauften diese. Kun-
den waren vor allem Inder. Drei bis vier Monate im Jahr
zogen die Tibeter in Gruppen von bis zu zwanzig Mann
mit ihren Pullovern durch das Land. Später kursierte unter vielen Touristen aus dem Westen die Meinung, die
Pullover seien von den Tibetern selbst hergestellt, sogar
aus Wolle von Himalaya-Schafen, aber das war nur eine
fromme Legende. Die Pullover stammten in den aller-
meisten Fällen aus indischen Fabriken, nur später gab es
seltene Ausnahmen, wenn auch Ware aus tibetischen
Handwerkszentren in den Straßenhandel gelangte.

Bei meinem Aufenthalt in Bylakuppe konnte ich mir
ein gutes Bild der verschiedenen Flüchtlingslager und
tibetischen Einrichtungen machen. Ein wichtiger Helfer
war Tsering Dorje, der sich bereit erklärte, mich mit seinem Motorrad zu all den verstreuten Klöstern und

Camps zu fahren. Überhaupt fand ich immer wieder Hilfe bei den Tibetern. So etwa kam ein Mönch von einem Nyingmapa-Kloster zu mir und sagte, er habe gehört, ich wolle als Nächstes nach Kollegal. Er könne mich mit seinem Motorrad hinfahren. Ich stimmte zu und kurz darauf saß ich auf dem Rücksitz seines neuen roten Motorrads und brauste mit ihm durch die Landschaft. Mein Seesack hatte sich in den vergangenen Wochen ziemlich aufgelöst und so trug ich während der Fahrt meine ganze verbliebene Habe auf dem Rücken. Auch einen tüchtigen Sonnenbrand handelte ich mir auf dieser Fahrt unter der stechenden tropischen Sonne ein.

Von Kollegal konnte ich leider nur einen eher flüchtigen Eindruck gewinnen. Denn wir kamen erst am Abend dort an und fuhren schon am nächsten Morgen zurück nach Bylakuppe, weil ich dort meinen Bus nach Mundgod erwischen musste. Also habe ich in Kollegal nur ein paar tibetische Flüchtlinge kennengelernt, die aus ihren Betten aufstanden, um mich zu sehen und mir von ihrer Situation zu berichten.

Eine Zwischenstation auf dem Weg nach Mundgod war Udipur. Dort hatte ich mich mit Chimey verabredet, dem tibetischen Mädchen, das Schwester Ursula und mich bei meiner ersten Indienreise auf der Fahrt über den Rothang-Pass nach Spiti begleitet hatte. Sie war jetzt Krankenschwester in Udipur und wir hatten brieflichen Kontakt gepflegt. Sie hatte mir geschrieben, ich solle in Udipur auf keinen Fall abends allein mit einem Taxi fahren und im Falle einer späten Ankunft auch nicht an der Bushaltestelle übernachten. Sie würde mich vom Bus abholen. Ich kam spätnachts an, doch von Chimey war nichts zu sehen. Das Hospital, in dem sie arbeitete, lag ein Stück außerhalb der Stadt. Plötzlich trat ein Inder an mich heran, riss mir den Briefumschlag, auf dem die Adresse stand, aus der Hand und verschwand damit. Als hätten sie nur auf dieses Zeichen gewartet, stürzte nun ein ganzer Pulk von Indern laut rufend auf mich zu: »Taxi, Taxi, Hotel, Hotel«. Ich wehrte sie ab, wusste aber nicht, was ich tun sollte. Kurz entschlossen eilte ich hinter dem Mann mit meinem Umschlag her und fand ihn schließlich in einer Bretterbude beim Telefonieren. Als er wieder auf die Straße kam, fragte ich: »You speak English?«

»No!«, kam die Antwort. Aber er schob mich auf ein Tuktuk zu, das sind die laut knatternden, dreirädrigen, wendigen Motorrikschas, die in indischen Städten und auch in ganz Südostasien ihre Dienste anbieten. Ich quetschte mich auf den Rücksitz, der Mann stieg mit auf, rief dem Fahrer etwas zu und los ging es in die Dunkelheit. Wir fuhren und fuhren. Es schien immer dunkler zu werden. Nur ab und zu war am Straßenrand die trübe Funzel einer Hütte auszumachen. Längst hatten wir die Stadt verlassen und fuhren über finstere Landstraßen. Ich hatte nicht wirklich Angst, aber es ging mir doch allerlei durch den Kopf, was in einer solchen Situation passieren kann. Schweigend saß ich neben meinem Begleiter, der sich mir aufgedrängt hatte und kein Wort Englisch verstand. Plötzlich kamen wir in ein Dorf und kurz darauf vor ein hell erleuchtetes Gebäude. Es war das Krankenhaus und vor dem Eingang wartete Chimey, um mich in Empfang zu nehmen. Mir fiel ein Stein vom Herzen. Später erzählte sie mir, dass sie zusammen mit einer anderen Krankenschwester an der Bushaltestelle gewesen sei, um mich abzuholen, doch der Bus hatte mehrere Stunden Verspätung und niemand wusste, wann er ankommen würde. Nach Einbruch der Dunkelheit hatte der Inder, der mit mir im Tuktuk gefahren war, zu ihnen gesagt, dass hier nicht der rechte Platz sei für zwei junge Mädchen. Er werde dafür sorgen, dass die »English lady« sicher zum Krankenhaus gebracht würde. Er werde sie persönlich herbringen. Dieses Versprechen hatte er gehalten, wenn auch auf etwas unkonventionelle Art.

Zusammen mit Chimey fuhr ich tags darauf weiter nach Mundgod. Dort nahmen wir an der Bushaltestelle ein Taxi, um uns zu den tibetischen Siedlungen bringen zu lassen. In Mundgod gab es damals sechs tibetische Ansiedlungen. Doch der Taxifahrer fuhr nur bis zu einem Vorplatz, weil alle Straßen, die von dort zu den einzelnen Siedlungen führten, so schlecht waren, dass er, wie er sagte, an seinem Auto alle Achsen gebrochen hätte. Chimey hatte eine große Blechkiste dabei und da standen wir also mit unserem Gepäck mitten im staubigen Nirgendwo. Schließlich machte sich Chimey zu Fuß zu ihrem Vater auf, der in einer der Siedlungen wohnte, und der kam nach einer Weile mit dem Fahrrad, um die Kiste zu transportieren.

Auch die Siedlungen von Mundgod waren zu jener Zeit noch äußerst primitiv. Als ich auf die Toilette musste, führte mich Chimey über zwei Felder zu einer Böschung und sagte: »Hier ist unsere Toilette.«

Ich benötigte übrigens eine Sondergenehmigung der indischen Behörden, um Mundgod besuchen zu dürfen. Niemand wusste, warum das so gehandhabt wurde. Manche sagten, die Inder hätten Angst vor chinesischen Spionen, andere wiesen auf die Nähe von Militärlagern mit Munitionsdepots hin. Den genauen Grund habe ich nie erfahren. Mundgod war die letzte Station meiner dreimonatigen Indienreise. Über Bangalore ging es nach Delhi zurück und dort ins Flugzeug nach Deutschland.

Die ersten Hilfsprojekte

Diese drei Monate in Indien haben mir eine Fülle von Eindrücken, Erfahrungen und Einsichten in die Situation der tibetischen Flüchtlinge verschafft. Es war mir klar, dass ich fortan helfen musste, wo ich nur konnte. Ich war mit Problemen konfrontiert worden, die man sich in Deutschland kaum vorstellen kann. Zum Beispiel in Kollegal, das von dichtem Dschungel umgeben ist. Man hatte dort Flächen im Dschungel gerodet, um kleine Dörfer für die Tibeter zu bauen. Die Tibeter, die im Süden Indiens angesiedelt wurden, mussten den Dschungel allerdings nicht selbst urbar machen. Das geschah vielmehr durch indische Kräfte mit Unterstützung aus der Schweiz. Es gab die Organisation Myrada, die es sich zur Aufgabe gemacht hatte, solche Siedlungen zu planen und zu bauen. Ich bewunderte das sehr und sagte mir immer wieder: Die Tibeter müssen den Indern doch unendlich dankbar sein, denn Indien hat selbst genug Probleme mit Armut und Elend, mit Slums und Unterernährung und hat sich trotzdem so vorbildlich für die tibetischen Flüchtlinge engagiert, hat Siedlungen für sie geschaffen und ihnen Ackerland zugeteilt. Dazu kam die wachsende finanzielle Unterstützung für die Tibeter von Hilfsorganisationen aus aller Welt. Schon damals sagten die Inder, die in der Nähe von tibetischen Siedlungen lebten: »Ja, ja, bei den Tibetern, da wächst der Mais viel höher als bei uns. Das kommt davon, weil sie so viel beten.« Alle aber wussten, dass es eher davon kam, dass die Tibeter sich Kunstdünger leisten konnten, weil ihnen im Gegensatz zu den indischen Bauern viele Spendengelder zuflossen. Auch die Exilklöster der Tibeter kamen verhältnismäßig rasch wieder zu Wohlstand.

Anfangs waren die tibetischen Klöster in Südindien recht bescheiden. Der Dalai Lama hatte immer wieder betont: »Baut keine Klöster, sondern baut Gebetshallen, denn wenn ihr große Klöster baut, glaubt euch niemand mehr, dass ihr jemals nach Tibet zurückkehren wollt.« Doch diese Klöster und Tempel wurden immer größer und prächtiger. Immer mehr Gold floss in ihre Ausstattung, was so manchen armen Inder, der sich im Schweiße seines Angesichts seine Rupien verdienen musste, zu dem Ausspruch veranlasste: »Rote Leute (Mönche) bringen grünes Geld (Dollars).« Ich hingegen verstand manchmal die Welt nicht mehr, wenn ich den üppigen Ausstattungsprunk der Klöster inmitten oft bettelarmer Siedlungen sah. Der Dalai Lama sagte dazu einen schönen Satz, der die Bauwut der Tibeter allerdings auch nicht zu bremsen vermochte: »Wir brauchen keine Tempel und keine komplizierten Philosophien. Unser Herz ist unser Tempel, unsere Philosophie ist Güte.«

Auch in meiner Hilfsarbeit für die Tibeter wurde ich immer wieder mit der Bauleidenschaft der Tibeter konfrontiert. Wenn die Tibethilfe Gelder für ein Gebäude gab, kam nicht selten nach einer Weile die Nachricht: Da muss unbedingt noch ein Stockwerk drauf. Wenn das nicht geschieht, bleibt das Ganze eine Ruine. Ich bin anfangs einige Male auf solche sanften Erpressungsversuche hereingefallen, habe später aber energisch darauf geachtet, die Hilfsgelder exakt zu begrenzen und die Bauprojekte bei meinen Indienreisen stets persönlich zu überprüfen.

Doch zurück zu den besonderen Problemen von Kollegal. Die tibetischen Siedlungen waren mit einigem Abstand zueinander in die Rodungsflächen des Dschungels gesetzt worden. Die Nähe zum Urwald aber barg eine Reihe von Gefahren. Immer wieder kamen Elefanten aus dem Wald, zertrampelten die Felder und griffen auch Menschen an, die zwischen den Siedlungen unterwegs waren, zum Beispiel Kinder auf dem Schulweg. Die Tibeter versuchten, die Tiere mit Lärm zu vertreiben, bauten Hochsitze am Waldrand, um die Menschen rechtzeitig warnen zu können. Schießen durfte man auf die Elefanten nicht, da sie unter strengem Artenschutz stehen. Schließlich ging man dazu über, tiefe Gräben auszuheben, um die Elefanten von den Siedlungen fernzuhalten, aber die intelligenten Tiere überwanden dieses Hindernis, indem sich ein großer Elefant in den Graben stellte und die kleineren ihn als Brücke benutzten und über seinen Rücken hinüber auf die Felder liefen. Später hat die Deutsche Tibethilfe Elektrozäune mitfinanziert, die dieses Problem lösen sollten. Es gelang damit auch, die Elefanten aufzuhalten, doch verlegten die Tibeter den untersten Draht etwas zu hoch, sodass eine andere Plage begünstigt wurde. Wildschweine konnten unter dem Zaun durchkriechen und nun begannen diese, die Felder der Siedler zu verwüsten. Auch hier zeigte sich, dass Geld allein nicht ausreicht, um sinnvoll Hilfe zu leisten.

Von meiner Reise brachte ich noch keine Patenbriefe aus Südindien mit, sondern nur jene, die ich in Ladakh vorbereitet hatte, und versuchte, Paten zu finden. Zu jener Zeit gab es in Europa bereits die ersten Hilfsorganisationen für die Tibeter im Exil, zum Beispiel die Schweizer Tibethilfe. Dr. Wiederkehr, der für diese Organisation immer wieder in Indien unterwegs war, erledigte auch Angelegenheiten für die Deutsche Tibethilfe mit, die von Wahlwies nach Hamburg gezogen war, aber noch sehr klein war. Ein Dr. Fink hatte in Hamburg die Tibetan Friendship Group begründet und daraus entstand dann die Deutsche Tibethilfe, die zunächst drei Schwerpunkte betreute: Moussouri, das SOS-Kinderdorf in Dharamsala und Mundgod in Südindien. Schon vor meiner Reise war ich Mitglied der Tibethilfe geworden und bin manchmal nach Hamburg zu den Mitgliederversammlungen gefahren. Daher versuchte ich nun auch, meine etwa siebzig Patenbriefe, die ich aus Ladakh mitgebracht hatte, über die Tibethilfe abzuwickeln. Ich musste unbedingt einen legalen Rahmen finden, um auch Spendenquittungen ausstellen und die Geldtransfers nach Indien vor dem Finanzamt rechtfertigen zu können. Aber die Tibethilfe antwortete, sie würden das gerne machen, wenn ich nach Hamburg zöge, um selbst in der Verwaltung mitzuarbeiten, denn ansonsten hätten sie nicht genug Leute, um die zusätzliche Arbeit zu bewältigen. Da ich nicht nach Hamburg ziehen und auch nicht eine eigene Organisation gründen wollte, um meine Patenbriefe abzuwickeln, wandte ich mich an das Tibetische Zentrum in Hamburg. Dieses war zwar vor allem eine religiöse Organisation, die Belehrungen von Lamas veranstaltete und buddhistische Lehrkurse durchführte, doch in der Vereinssatzung stand auch etwas über Hilfe für die tibetischen Flüchtlinge. Das Tibetische Zentrum stimmte

zu und so konnte ich vorerst meine Arbeit für die Exiltibeter im legalen Rahmen dieses buddhistischen Vereins
ausführen.

Im Laufe weniger Jahre wuchsen die Patenschaften
auf über tausend an und es kam zu organisatorischen
Problemen für das Tibetische Zentrum. Da trat die Tibethilfe an mich heran mit der Bitte, ob ich nicht den
Vorsitz des Vereins übernehmen könne, denn die bishe-
rige Leiterin sei aus gesundheitlichen Gründen dazu
nicht mehr in der Lage. Ich sagte zu und übertrug alle Patenschaften, die bislang im Rahmen des Tibetischen Zen-
trums Hamburg abgewickelt wurden, in die Tibethilfe.
Es war mir lieb, dass die Tibethilfe eine konfessionell
nicht gebundene, rein karitative Organisation war, denn
viele meiner Paten und Helfer waren keine Buddhisten,
sondern Christen, denen es oft nicht angenehm war,
wenn ihre Spenden von einem buddhistischen Verein
verwaltet wurden. Fortan leitete ich in meiner Wohnung
die Münchner Zweigstelle der Tibethilfe. Der Hauptsitz
verblieb in Hamburg. Das war im Jahr 1983. Später, als
das Hamburger Büro nach Oldenburg verlagert wurde,
kehrten wir die Verantwortlichkeiten um – München
wurde Hauptsitz und Oldenburg Zweigstelle. Die beiden Büros bildeten stets eine einzige Organisation, die
auch einen gemeinsamen, regelmäßig erscheinenden
Rundbrief für die Paten und Spender herausbrachte,
führten jedoch getrennte Konten und wickelten ihre eigenen Patenschaften ab. Waren es in Hamburg und später Oldenburg über die Jahre etwa zweihundertfünfzig
Patenschaften, so wuchsen die Patenschaften, die in
München bearbeitet wurden, im Laufe der Jahre auf
über fünftausend. Die Paten und Spender fanden aus-

schließlich durch Mund-zu-Mund-Propaganda zu uns. Wir haben nie Werbung gemacht und waren immer streng darauf bedacht, dass die Spendengelder in vollem Umfang den Tibetern im Exil zugutekommen, anstatt für Werbung und Verwaltungskosten eingesetzt zu werden. Das war auch der Grund, warum ich meine Reisen nach Indien, die ich nun in jedem Jahr unternahm, aus eigener Tasche bezahlte. Ich lebte von meiner Rente und hin und wieder gab es gute Freunde, die mir mit etwas Reisegeld unter die Arme griffen, aber ich habe nie Gelder der Tibethilfe für meine Reisen in Anspruch genommen.

Auch um freiwillige ehrenamtliche Helfer, die mich bei der doch recht aufwendigen Verwaltungsarbeit unterstützten, musste ich mich nie sorgen. Es gab manchmal sogar Wartelisten für Helfer, die bei der Tibethilfe mitmachen wollten. Wer jemals einen Verein geführt hat, weiß, wie schwierig es oftmals ist, verlässliche, engagierte Freiwillige für die tägliche Arbeit des Vereins zu finden. Bei der Tibethilfe war dieses Problem unbekannt.

Und immer wieder kamen Leute zu mir und baten mich, ihnen doch von meinen Indienreisen zu berichten. Es saßen fast jeden Abend fünf oder sechs Menschen in meiner Wohnung, und ich musste immer wieder die gleichen Geschichten wiederholen. Eigentlich war das unpraktisch, viel besser wäre es gewesen, einen Raum zu mieten und alle zugleich einzuladen. Doch daran dachte ich nicht, denn ich war noch nie in meinem Leben öffentlich aufgetreten.

Es waren Freunde von mir aus Kreuth in Bayern, die mich ins kalte Wasser warfen, einen Vortragsabend in Kreuth organisierten, mich abholten und auf die kleine

Bühne schoben. Nach der gut besuchten Veranstaltung sagten sie zu mir: »Siehst du, keiner ist eingeschlafen und keiner ist vorzeitig weggegangen.« So begann meine Vortragstätigkeit. Ich wurde immer wieder eingeladen und habe in ganz Deutschland von meinen Indienreisen, von den Lebensumständen der tibetischen Flüchtlinge und von den Hilfsprojekten der Tibethilfe erzählt, später auch unterstützt von meinen Fotos, die ich mit einem einfachen Diaprojektor an die Wand warf. Bis zu sechzehn Vorträge im Jahr wurden von Freunden, Mitarbeitern oder Mitgliedern der Tibethilfe an vielen Orten für mich organisiert. Dadurch wuchs natürlich auch die Zahl der Paten und Spender rasant an. Offenbar gelang es mir, durch meine Begeisterung für die tibetische Sache andere zu motivieren, den Tibetern zu helfen. Vermutlich hat auch die sehr transparente, persönliche Struktur der Tibethilfe und die Tatsache, dass alle Projekte persönlich überwacht wurden, dazu beigetragen, dass viele Menschen der Tibethilfe ihr Vertrauen schenkten und sich als Paten für Mönche, Kinder oder alte Tibeter engagierten.

Zum Abschluss jeder Indienreise besuchte ich stets den Dalai Lama in Dharamsala. Anfangs lachte er schallend, wenn ich in den Audienzraum kam, und sagte: »Ah, the lady with the broken English« (Ach, die Frau mit dem gebrochenen Englisch). Später gab er mir zu verstehen, dass ich ihm Dinge aus den tibetischen Siedlungen berichtete, die ein anderer nie zu erzählen gewagt hätte. Denn ich nahm nie ein Blatt vor den Mund, wies auf organisatorische Missstände ebenso hin wie auf besonders brennende Probleme und Notstände. Auch Fälle von Korruption oder Unterschlagung verschwieg ich dem Dalai Lama nicht. Einmal sagte der Dalai Lama zu mir: »Du kennst meine Siedlungen besser als meine Minister.« Freilich war das auch der Grund, warum ich nicht bei allen tibetischen Offiziellen beliebt war. Nicht alle sahen es gerne, dass ich quasi freien Zugang zum Dalai Lama hatte und ihm nicht nur Schmeichelhaftes über die tibetischen Siedlungen und die dort tätigen Funktionäre berichtete.

Tatsächlich war mir nie ein Weg zu weit oder eine Reise zu beschwerlich, um zu bestimmten abgelegenen Siedlungen zu gelangen, die kaum je ein Beamter der Exilregierung besucht hatte. Je ärmer eine Siedlung war, desto größer war mein Verlangen, sie zu besuchen. Stets war ich mit öffentlichen Verkehrsmitteln unterwegs, meist in Bussen und sehr oft nachts, um Zeit zu sparen. So habe ich auch das Alltagsleben der Inder aus nächster Nähe kennengelernt. Und stets hielt ich engen Kontakt mit den Bewohnern der tibetischen Siedlungen, rollte meinen Schlafsack in ihren Häusern aus, wohnte und aß mit ihnen und informierte mich über ihre Probleme aus erster Hand. Insgesamt war ich siebenundzwanzig Mal in Indien, von den Schönheiten und Sehenswürdigkeiten dieses herrlichen Landes habe ich aber nur sehr wenig gesehen. Meist war ich auf jeder dieser Reisen sechs Wochen unterwegs. Diese Zeit war akribisch verplant und äußerst knapp bemessen, sodass keinerlei Zeit für Besichtigungen blieb, außer es ergab sich zufällig, dass ein schöner Tempel oder Palast sich in unmittelbarer Nähe einer Siedlung von Exiltibetern befand. Einmal traf ich Vertreter einer anderen Hilfsorganisation, die es genau umgekehrt hielten. Sie hatten kaum Zeit, eine Siedlung zu besuchen und sich mit den Menschen dort zu befassen, weil schon die nächste Besichtigungstour wartete. Indien ist nun einmal ein faszinierendes Land mit einer ungeheueren Fülle von Kulturschätzen. Doch ich möchte in aller Bescheidenheit sagen, dass bei meiner Arbeit und meinen Reisen nicht mein persönliches Wohl und Interesse, sondern stets das Wohl der Tibeter im Mittelpunkt stand.

Der Besuch einer tibetischen Siedlung lief stets in etwa nach dem gleichen Muster ab: ankommen, Tee trinken, Kekse essen, Besprechung – was gibt es zu tun? Probleme klären, laufende und neue Projekte in Augenschein nehmen, Sorgen anhören, Vorschläge diskutieren und nicht zuletzt die Patenkinder fotografieren.

Meine kleine Kamera hatte ich immer dabei, um die Fotos der Patenkinder aufzunehmen, die den Briefen an die Paten beigefügt wurden. Auch den Dalai Lama konnte ich bei vielen meiner Besuche fotografieren. Ein besonders schönes Bild machte ich von ihm bei der bereits erwähnten Audienz in der Schweiz vor meiner dreimonatigen Reise. Zunächst hatte ich gedacht, das Bild sei durch meine Aufregung verwackelt, doch als ich es vom Fotoladen abholte, stellte sich heraus, dass es sehr gelungen war. Ich habe Abzüge davon an viele Leute weitergegeben, auch an viele Tibeter in Indien. Es hing sogar in manchen Büros der Exilregierung in Dharamsala.

Mit diesem Bild ist auch eine merkwürdige Geschichte verbunden. Als ich nach meiner Reise einmal in der Dämmerung eines frühen Abends in meiner Wohnung saß, hatte ich das Original-Negativ des Fotos in der Hand. Da meldete sich meine innere Stimme und sagte: »Dieses Negativ wird verloren gehen und du wirst es niemals wiederfinden.« Und so kam es. Tatsächlich war das Negativ kurz darauf weg und ich habe es nie mehr gefunden.

Ungeahnte Fähigkeiten

Über meine Fotos gibt es einige kuriose Geschichten zu erzählen. Schon 1977 fand im Haus der Kunst in München eine große Ausstellung tibetischer Kunst statt. Ich war zu dieser Zeit noch bei Siemens und hatte meine »Traumreise« nach Ladakh und Nordindien hinter mir. Eine Freundin von mir arbeitete im Kulturreferat der Stadt München und sagte zu mir: »Die Bilder von deiner Reise sind gut, ich zeige die mal bei uns vor.« Sie hat meine Fotos ihrem Chef gezeigt und der meinte: »Mit diesen Bildern muss man etwas machen. Gehen Sie doch zum Haus der Kunst und zeigen Sie sie dem Direktor.« Ich folgte diesem Rat, musste ein wenig warten und schließlich die Bilder auf dem Tisch des Direktors ausbreiten. Der Direktor betrachtete sie eine Weile und sagte dann: »Und ich dachte, Sie wollen mir ein paar Urlaubsfotos zeigen. Solche Bilder habe ich noch nie gesehen. Damit muss man etwas machen.« Die Ausstellung über Tibet war noch nicht eröffnet. Er empfahl mich weiter an die Inhaberin der Münchner Kunstbuchhandlung Goltz, die den Bücherstand im Haus der Kunst betreute. Auch dieser Frau Goltz, einer feinen Dame, gefielen meine Fotos. Sie bestellte eine Auswahl davon bei mir und ließ die Bilder dann vervielfältigen und am Bücherstand der Tibet-Ausstellung verkaufen. Sie wurden zu einem Verkaufsschlager und brachten über fünfzehnhundert Mark ein.

171

Als ich eines Tages im Kaufhaus Hertie nach Rahmen für meine Bilder suchte, kam meine Stimme durch und sagte: »Geh zum Kaufhaus Oberpollinger.« Ich folgte augenblicklich, und als ich dort in der Bilderrahmen-Abteilung stand und meine Bilder ausbreitete, trat von hinten ein Mann an mich heran, schaute mir eine Weile über die Schulter und sagte schließlich: »Sind das Ihre Fotos?«

»Ja, ja«, antwortete ich, ohne mich umzusehen.

»Haben Sie noch mehr davon?«

»Ja, habe ich.«

»Und mit welcher Kamera und welchem Film fotografieren Sie?«

»Mit einer kleinen Yashica und Kodak-Film.«

»Ich glaube, wir kommen ins Geschäft«, meinte er.

Da drehte ich mich um. Ein gut gekleideter Herr mit Hut stand vor mir und stellte sich vor: »Wissen Sie, ich arbeite für eine Fotozeitschrift.«

»Für das Foto-Magazin?«, fragte ich. Das »Foto-Magazin« war zu dieser Zeit die bekannteste deutsche Fotofachzeitschrift, doch hatte ein ehemaliger leitender Mitarbeiter gerade den Verlag verlassen und eine Konkurrenzzeitschrift ins Leben gerufen.

»Nein, für eine viel bessere. Ich bin sehr interessiert an Ihren Fotos für einen Beitrag. Hier ist meine Visitenkarte. Bitte rufen Sie mich an, damit wir einen Termin im Verlag vereinbaren können.«

Ich rief ihn an und präsentierte kurz darauf im Verlag etwa dreißig meiner Fotos. Er wählte ungefähr fünfzehn aus und sagte: »Sie müssen aber auch einen begleitenden Artikel schreiben. Ihre billige Amateurkamera erwähnen wir lieber nicht. Das Ganze wird allerdings erst in ein paar Monaten spruchreif werden.«

Ich war sehr überrascht, denn ich war alles andere als eine Profifotografin, sondern hatte offenbar auf meiner Reise stets im richtigen Augenblick auf den Auslöser meiner sehr simplen Kamera gedrückt und die Atmosphäre und die Menschen von Ladakh und Nordindien stimmig eingefangen. Erst später habe ich erfahren, wie unendlich schwierig es selbst für professionelle Fotografen ist, ihre Bilder in solchen Zeitschriften unterzubringen.

Kurz darauf bekam ich einen Anruf vom Heering-Verlag. In diesem Münchner Verlag erschien das »Foto-Magazin«. Der Redakteur am Telefon sagte: »Wir haben von Ihren Fotos gehört. Herr Dr. Heering möchte die Bilder haben, und zwar noch für die Dezember-Ausgabe. Sie müssen allerdings noch einen Artikel dazu schreiben.«

Man kann sich vorstellen, wie verdutzt ich war. Außerdem geriet ich nun zwischen die Mühlen der beiden konkurrierenden Verlage, denn der erste Herr rief mich an, um mir mitzuteilen, dass die Redaktion sich entschlossen habe, meine Bilder zu drucken, und daher müsse das mit dem Begleitartikel jetzt sehr schnell gehen. Als ich ihm sagte, dass auch das »Foto-Magazin« einen Beitrag mit Fotos von mir bringen würde, begann er am Telefon zu toben. Er hätte mich am liebsten in der Luft zerrissen. Zuletzt erschienen meine Fotos in beiden Zeitschriften, und zwar jeweils auf mehreren Druckseiten.

Daraufhin interessierte sich auch das Münchner Völkerkundemuseum für meine Bilder. Dort war ebenfalls eine große Tibet-Ausstellung geplant. Professor Raunig, der Chef des Museums, wählte zusammen mit seinen Mitarbeitern eine Reihe meiner Fotos aus und ließ sie als Postkarten drucken. Auch die Tibethilfe profitierte davon und hatte diese Karten lange im Angebot. Während der Ausstellung wurden im Völkerkundemuseum über siebzigtausend Karten verkauft. Sicherlich haben auch diese Bilder neue Paten für die Tibethilfe gewonnen.

Im Jahr 1983, als ich gerade die Münchner Zweigstelle der Deutschen Tibethilfe in meiner kleinen Wohnung eröffnet hatte, besuchte der Dalai Lama Hamburg. Ich fuhr natürlich hin und nach seinem Vortrag hieß es, alle Leute, die mit dem Tibetischen Zentrum in Verbindung stehen, können ihm einen Katak überreichen. Als ich mit meinem Katak ins Tibetische Zentrum kam, waren alle anderen schon wieder fort und ich fand den Dalai Lama ganz allein in einem Raum auf einem kleinen Thron sitzen. Es war wirklich kein Mensch bei ihm. Ich trat näher und überreichte meinen Katak. Er schaute mich an, hängte mir den Katak um den Hals und sagte nur ein Wort zu mir: »Amala.« Ich wusste damals gar nicht, was das Wort bedeutet, nämlich »verehrte Mutter«. Erst ungefähr fünfzehn Jahre später fingen auch die Tibeter in Indien an, mich Amala zu nennen. Und irgendwann sagten alle: die Amala aus Germany. Der Dalai Lama nennt mich heute noch so und ich bin mir der großen Ehre, die er mir mit dieser Anrede erweist, durchaus bewusst. Damals in Hamburg hat er vielleicht geahnt, dass ich in meiner Arbeit für die Tibeter allen Schwierigkeiten zum Trotz durchhalten und sie über viele Jahre fortführen würde.

Kapitel 5

Hilfe für Tibet in Indien

Patenschaften und Sonderaktionen

Auf entlegenen Pfaden

Auf meinen insgesamt siebenundzwanzig Indienreisen habe ich zahllose Menschen kennengelernt und viele manchmal abenteuerliche, manchmal kuriose Situationen durchlebt, vor allem aber kam ich in Berührung mit oft unglaublichen Schicksalen von Menschen und häufig auch mit nicht minder unglaublichen Umständen in tibetischen Siedlungen. Natürlich ist es unmöglich, die Details all dieser Reisen zu erzählen, aber ich möchte einige herausgreifen, um wenigstens einen Eindruck zu vermitteln, was mir Jahr für Jahr in Indien begegnete.

Auf meinen Reisen entwickelte ich den Ehrgeiz, auch sehr arme und abgelegene Siedlungen aufzusuchen und alles daranzusetzen, den Bedürftigen dort zu helfen. So erfuhr ich beispielsweise von drei tibetischen Siedlungsprojekten in Mittelindien – Bhandara im Bundesstaat Maharashtra, Mainpat in Madhyapradesh und Chandragri in Orissa. Man sagte mir, es sei so gut wie unmöglich, zu diesen Siedlungen zu gelangen, aber ich setzte es mir nun einmal in den Kopf und sagte mir: Gerade weil dort niemand hinkommt, will ich hingehen. Und ich schaffte es.

Bhandara lag in einer entsetzlich heißen Gegend. Zwar gab es einen großen See in der Nähe, trotzdem hatten sich dort kaum Menschen angesiedelt, weil es zu heiß

176

war. Zu manchen Zeiten stieg das Thermometer auf bis zu fünfzig Grad. Es sei unmöglich, sich an eine Hausmauer zu lehnen, hieß es, weil man sonst gebacken würde. Schließlich wurde vom See aus ein achtzig Kilometer langer Kanal gelegt und an diesem Kanal auch Siedlungen für die Tibeter erbaut. Man muss sich die Leiden der Flüchtlinge vom Dach der Welt vorstellen, die an das tibetische Hochlandklima gewöhnt waren, an eisige Winter und verhältnismäßig kühle Sommer, und die nun in solch extremer Hitze leben und arbeiten mussten. Viele Tibeter haben das nicht überlebt.

Als ich Bhandara besuchte, war das Klima gerade etwas erträglicher. Die Inder und Tibeter der Gegend hielten Kuhherden, doch auch für die Kühe war die extreme Hitze unverträglich. Sie waren abgemagert und nicht selten gab eine ganze Herde gerade einmal zusammen genommen fünf Liter Milch. Also verlegten sich viele Anwohner auf den Anbau von Reis, denn Wasser für Reisfelder stand aufgrund des Kanals in ausreichender Menge zur Verfügung. Doch in den Reisfeldern lebten unzählige Schlangen und Würmer. Viele der Bauern wurden gebissen und bekamen schreckliche Geschwüre an den Beinen. Bhandara verfügte über eine sehr gute Krankenstation, der die Tibethilfe später das erste dringend benötigte Ambulanzfahrzeug spendete. Geleitet wurde die Station von einem tibetischen Sanitäter, der seine Ausbildung bei der Armee erhalten hatte. Auch er hatte einen großen Wunsch, um seine Arbeit optimieren zu können. Er benötigte ein Mikroskop, um Wurmerkrankungen besser diagnostizieren zu können. Auch diesen Wunsch konnte die Tibethilfe mit Spendengeldern erfüllen.

Mainpat, die zweite Siedlung, lag noch weiter abseits. Allein die Anfahrt war ein Abenteuer. Um Mainpat herum waren für indische Siedler lang gestreckte Häuser gebaut worden, die jedoch über keine Fenster verfügten, weil das Budget nicht ausgereicht hatte, um Fenster einzubauen. Das einzige Licht, das in diese Häuser fiel, kam durch die Türen an den Stirnseiten der Gebäude. In Mainpat herrschte keine solch mörderische Hitze wie in Bhandara. Die Tibeter konnten Kühe und Pferde halten sowie Kartoffeln und Getreide anbauen. In Mainpat gab es dafür das abenteuerlichste Gästehaus, das ich je auf meinen Reisen erlebt habe. Überall in meinem Zimmer standen Schüsseln auf dem Boden. In der Nacht, die ich dort verbrachte, begann es plötzlich heftig zu regnen, was mich den Zweck der Schüsseln verstehen ließ. Es regnete überall durch das undichte Dach herein und ich rollte mein Bettgestell von einer Ecke des Zimmers zur anderen, aber kaum lag ich wieder im Schlafsack, begann es erneut auf mich zu tröpfeln. Das Konzert des in die Schüsseln tropfenden Regens begleitete mich die ganze Nacht.

Überhaupt hatte ich immer wieder kuriose Reiseerlebnisse. Beispielsweise als ich einmal um vier Uhr morgens zum Bahnhof musste, um meine Reise fortzusetzen. In der Siedlung versprach man, mich mit dem Taxi hinzubringen. Es regnete in Strömen, doch von einem Taxi war weit und breit nichts zu sehen. Da sagten die Tibeter: »Wir haben noch den alten Ambulanzwagen. Der ist zwar langsam, aber bis zum Bahnhof schaffen wir es schon.« Ich stieg ein und bat darum, das Fenster hochzudrehen, weil es schrecklich hereinregnete. »Es gibt kein Fenster. Du musst den Regenschirm aufspannen«, kam die Antwort. Also saß ich die ganze Fahrt über mit dem Regenschirm in diesem alten Ambulanzwagen, der mich über Stock und Stein zum Bahnhof schaukelte. Heute ist das natürlich alles anders. Die Tibeter verfügen über gute Straßen und über Autos mit Fenstern. Auch das undichte Gästehaus mit all seinen Schüsseln ist längst durch ein komfortables und regensicheres ersetzt worden.

In Mainpat tat ich einmal mehr einen Blick hinter die Kulissen der Organisation der tibetischen Siedlungen. Niemand sprach offen über gewisse Problemsituationen, ich musste solchen Dingen stets selbst auf den Grund gehen. Ich fand heraus: Das Camp Nummer 2 von Mainpat wurde von der Zentralverwaltung in Dharamsala nicht unterstützt. Die Tibeter von Camp 2 erhielten keinerlei finanzielle Hilfe und auch die Bildungsmöglichkeiten der dort lebenden Kinder waren stark eingeschränkt. Den Kindern war zwar erlaubt, die tibetische Schule in Mainpat zu besuchen, aber nach der 8. Klasse dürfen sie auf keine weiterführende Schule übertreten und auch keine Lehre im Hospital beginnen. Bei Tibetfreunden in Deutschland, die davon erfahren hatten, kursierten schon Gerüchte über Ungerechtigkeit und Willkür der tibetischen Behörden von Dharamsala. Es hat lange gedauert, bis ich herausbekam, was dahintersteckte: Im alten Tibet, vor allem in Osttibet, gab es viele kleine Königreiche mit gerade einmal dreitausend oder viertausend Einwohnern, die von der Zentralregierung in Lhasa ziemlich unabhängig waren. Der Dalai Lama wurde zwar als religiöses Oberhaupt verehrt, als weltlicher Herrscher jedoch nicht akzeptiert. Dementsprechend entrichteten diese Könige keine Steuern und

Abgaben an die tibetische Regierung in Lhasa. Das Camp Nummer 2 von Mainpat nun war ausschließlich von einem dieser ehemaligen Könige mit seinen Untertanen bewohnt. Natürlich war er auch im Exil Führer seiner Leute und er bestimmte: Ich bezahle keinerlei Abgaben an die Exilregierung in Dharamsala und ich will auch keine Hilfe von dort haben. Er wollte auch im Exil mit der tibetischen »Zentralmacht« nichts zu tun haben. Dharamsala wiederum hatte es so eingerichtet, dass nur die Siedlungen Unterstützung erhielten, die auch die geringen Steuern an die zentrale Verwaltung entrichteten.

Für Helfer aus dem Ausland wie mich ergab sich daraus eine schwierige Situation. Einerseits sollte die Hilfe die wirklich Bedürftigen erreichen, ungeachtet, ob sie Steuern zahlten oder nicht, andererseits verdarb man es sich mit manchen Funktionären in Dharamsala, die es nicht gerne sahen, wenn solch ein ehemaliger König für seine Widerspenstigkeit noch belohnt wurde, indem er Gelder aus dem Ausland bekam.

Ich war auf das gleiche Problem schon auf früheren Reisen in anderen Siedlungen gestoßen, zum Beispiel in Bir. Die Abgabe für Tibeter in Indien betrug seinerzeit zwar lediglich zwölf Rupien pro Person und Jahr, aber so manchem stolzen und freiheitsliebenden Tibeter ging es weniger um diesen geringen Betrag als um das Prinzip, vollkommen unabhängig von zentraler Bevormundung zu sein. Offiziell wurde über solche Unstimmigkeiten innerhalb der tibetischen Exilgemeinde nie gesprochen, vor allem nicht in tibetischen Verwaltungskreisen in Dharamsala und schon gar nicht gegenüber Ausländern. Für mich standen aber stets die Bedürftigen im Mittel-

punkt meiner Arbeit und nicht die politischen Ränke-
spiele innerhalb der tibetischen Gemeinschaft.

Chandragi in Orissa, meine nächste Station, hatte mich
immer besonders gereizt, denn dort hatte Schwester
Ursula fünfzehn Jahre lang bei den Adivasi, den in
Stammesverbänden lebenden Ureinwohnern, als Krankenschwester gearbeitet. Es war eine wilde Gegend mit
Dschungeln und breiten Wasserläufen. In der Monsunzeit
traten die Flüsse über die Ufer, rissen Brücken mit sich
fort und überschwemmten die Dörfer. An den Straßen,
die durch den Dschungel führten, sah man immer wieder
Schilder, die vor Tigern warnten. Auch Bären und andere
gefährliche Raubtiere bevölkerten die Gegend. Gefährlich
waren sie in der Tat – im Krankenhaus sah ich einen
Jungen, dem ein Bär die Schulter abgerissen hatte. Eine
Tibeterin war beim Holzsammeln im Wald von einem
Bären skalpiert worden. Es gab immer wieder auch
Schwierigkeiten zwischen den Siedlern, die Maisfelder an-
pflanzten, und den Adivasi, die als Jäger und Sammler in
den nahen Bergen lebten und der Meinung waren, auch
der reife Mais auf den Feldern sei ihnen von der Natur geschenkt, was die Siedler naturgemäß völlig anders sahen.
In Orissa zeigte sich mir darüber hinaus eine weitere
Schwäche in der Organisation der tibetischen Exilsiedlungen. Die Dorfleiter, die von Dharamsala in die Siedlungen geschickt wurden, blieben dort nur für zwei oder
drei Jahre, was langfristige, nachhaltige Projekte oft er-
schwerte oder gar unmöglich machte. Zum Beispiel das
Zitronenbaum-Projekt von Orissa. Als ich Orissa zum
ersten Mal besuchte, wirkte dort ein Tibeter, der Agrar-
wissenschaft studiert hatte. Er war auf die Idee gekommen, Zitronenbäume anzubauen. Er pflanzte mit den

tibetischen Siedlern zehntausend kleine Zitronenbäumchen und rechnete mir vor, wie viel Geld man damit in zwei oder drei Jahren einnehmen würde, wenn die Bäume Früchte tragen würden. Doch bald darauf wurde er in eine andere Siedlung versetzt und sein Nachfolger hatte von Zitronenbäumen nicht die geringste Ahnung. Man musste die empfindlichen Gewächse nämlich auf bestimmte Weise bewässern und einmal im Jahr beschneiden, damit sie wirklich zu Früchte tragenden Bäumen emporwuchsen. Durch die nicht sachgemäße Behandlung nach der Ablösung des tibetischen Agrarspezialisten gerieten die Bäumchen aber nur zu wertlosen Büschen, die bald darauf abgeholzt wurden. Ein aufwendiges Projekt, das den Siedlungen guten Gewinn gebracht hätte, war kläglich gescheitert, nur weil der Verantwortliche zu früh abberufen worden war. Ich habe in Dharamsala immer wieder den Vorschlag gemacht, die Funktionäre doch länger in den einzelnen Siedlungen zu belassen und sie auf dem Gebiet weiterzubilden, auf dem sie bereits bewandert sind. Leider wird das jedoch heute noch immer nicht berücksichtigt.

Sinnvoll helfen

In Orissa stieß ich noch auf ein anderes Problem. Ich hatte von meinem ersten Besuch dort Patenbriefe für alte Menschen mitgebracht. Alte Tibeter waren immer eine wichtige Gruppe für die Deutsche Tibethilfe, denn die meisten anderen Hilfsorganisationen nahmen keine alten Menschen auf, sondern waren vor allem an Kindern interessiert. Für Kinder oder auch für Mönche und Nonnen lassen sich in der westlichen Welt viel leichter Paten finden als für alte Menschen. Doch auch in diesem Fall ging es mir darum, dort zu helfen, wo die Not am größten war, allen Schwierigkeiten zum Trotz. Und die alten Tibeter waren nun einmal die Bedürftigsten in den Siedlungen. Ihnen war nach der Flucht aus Tibet oft gar nichts mehr geblieben. Sie waren zu alt, um zu arbeiten oder Geschäfte zu machen, und vielen von ihnen war es nicht einmal möglich, bei ihren Kindern und Enkeln zu wohnen – wie das in Tibet eigentlich Tradition ist –, weil der Platz in den Siedlungshäusern nicht ausreichte für solche mehrere Generationen umfassende Großfamilien. Der Tibethilfe gelang es, Paten für die Alten finden, und bei meinem nächsten Besuch in Orissa wollte ich sehen, was aus den Alten geworden war, die nun regelmäßig Unterstützung von uns bekamen. Ich musste feststellen, dass sie zwar genug zu essen und ausreichende medizinische Versorgung bekamen, aber in Häusern mit undichten Dächern leben mussten. Ihre Unterkünfte waren von Monsunstürmen beschädigt und von Termiten zernagt. Bei meinem Gang durch die Siedlung entdeckte ich ein großes, fest gebautes, aber leer stehendes Haus und erkundigte mich danach. »Das ist ein Altenheim«, wurde mir geantwortet. Das Haus war sieben Jahre zuvor von einer anderen Hilfsorganisation erbaut worden. Ich fragte: »Und warum wohnt dort niemand? Habt ihr keine Betten?«

»Doch, Betten haben wir und Stühle und Tische haben wir auch. Aber wir haben kein Geld, um die Küche einzurichten.«

Das schöne, solide Haus stand also seit sieben Jahren leer, während die alten Tibeter in erbärmlichen Umständen irgendwo anders hausen mussten. Für mich war das auch eine Lehre: Es genügte nicht, für viel Geld ein Gebäude hinzusetzen, man musste es auch mit Leben erfüllen und aktiv seinem Zweck zuführen.

Es stellte sich heraus, dass es um einen Betrag von dreitausend Mark für die komplette Einrichtung der Gemeinschaftsküche ging. Die Tibethilfe brachte das Geld auf, und als ich das nächste Mal die Siedlung besuchte, lebten all unsere »Patenomas und -opas« bereits in diesem Haus und waren glücklich über ihr Altenheim. »Unsere« siebzig Alten teilten sich jeweils zu zweit ein Zimmer und wurden von der neuen Küche in einem großen Speisesaal verpflegt. Dort blieben sie meist auch nach den Mahlzeiten, beteten und sangen gemeinsam und manche gingen noch hinaus, um ein wenig im Garten zu arbeiten. Auch hatten sie eine Kuh geschenkt bekommen, die aber nur sehr wenig Milch gab, was daran lag, dass die Alten mit ihren starren Fingern nicht mehr richtig melken konnten. Auch dieses Problem konnte gelöst werden. Ein junger Mann aus dem Dorf übernahm das Melken und auf einmal hatten die Alten zu ihrer Freude die doppelte Menge Milch zur Verfügung. Die alten Tibeter lagen mir stets ganz besonders am Herzen. Zuletzt verwaltete die Tibethilfe über tausend Patenschaften für alte Menschen.

Im Wesentlichen half die Tibethilfe auf zweifache Weise: Da gab es einmal die individuellen Patenschaften; das waren monatliche Geldzuwendungen einzelner Paten für ein bestimmtes Schulkind, einen Mönch, eine Nonne, einen Studenten oder einen alten Menschen. Ferner gab es Sonderprojekte wie beispielsweise die gerade beschriebene Küche für das Altenheim und Ähnliches. Diese Sonderprojekte wurden aus freien Spenden an die Tibethilfe finanziert oder durch gezielte Spendenaufrufe, die wir in Deutschland durchführten. Wir initiierten in ganz Indien solche Sonderprojekte, die ich auf meinen Reisen immer besonders genau unter die Lupe nahm. Die Tibethilfe hat in Indien einige Altenheime gebaut, Krankenstationen, Wohngebäude für Kinder, hat Kühe, Wasserpumpen und Traktoren angeschafft und vieles mehr. Dass ich aus meiner Kindheit und Jugend in Ostpreußen Kenntnisse in Landwirtschaft hatte, war bei der Leitung solcher Sonderprojekte stets sehr hilfreich. Denn so manches Problem ließ sich besser mit etwas gesundem Menschenverstand lösen als mit Geld, beispielsweise in einer Siedlung in Orissa, wo zwölf kaputte Traktoren standen. Der Siedlungsleiter bat mich um Geld für die Anschaffung eines neuen Traktors. Doch anstatt Geld zu schicken, nahm ich die defekten Traktoren in Augenschein. Gemeinsam mit einigen technisch begabten Siedlern wurde festgestellt, dass zwei davon sich reparieren ließen. Die übrigen wurden ausgeschlachtet und verschrottet. Von dem Erlös und unter Einsatz der ausgeschlachteten Ersatzteile aus den anderen Maschinen ließen sich die beiden wieder flottmachen, ohne dass Spendengelder benötigt wurden.

Überhaupt war es mir sehr wichtig, den sinnvollen Einsatz aller Hilfsgelder genau zu planen. Den Bau von Klostergebäuden, Tempeln, Großstatuen oder Stupas zum Beispiel unterstützten wir nie, denn die Klöster erhielten viel Geld von reichen Buddhisten aus Korea, Malaysia, Taiwan und anderen asiatischen Ländern. Die Spender dort versprachen sich von solchen Geldgaben eine Mehrung ihrer spirituellen Verdienste und gaben deshalb lieber Geld für prunkvolle Klosterausstattungen als für bedürftige Menschen.

Auch von Deutschland aus wurden erfolgreiche Sonderaktionen gestartet, etwa jene für gebrauchte Kleidung. In regelmäßigen Abständen riefen wir die Mitglieder und Freunde der Tibethilfe auf, Kleidung für die Tibeter zu spenden, und dieser Aufruf fiel stets auf äußerst fruchtbaren Boden. Jedes Mal stapelten sich in meiner »Büro-Wohnung« von oben bis unten Jacken, Schuhe, Pullover, Mäntel und andere Kleidungsstücke. Wir besorgten uns große Jutesäcke, die wir zu je zwanzig Kilo mit Kleidung bepackten, nähten ein Stück Stoff auf, auf das mit wasserfestem Filzstift die Empfängeradresse geschrieben wurde, nähten die Säcke zu und schleppten sie zur Post. Wir mussten sie zuvor auf einer alten Personenwaage möglichst genau abwiegen, denn die Post akzeptierte nur Säcke mit exakt zwanzig Kilo. Dafür gab es einen besonders günstigen Tarif. Ich kann mich erinnern, dass sich einmal vierzig solcher fertig gepackter Säcke in meiner kleinen Zweizimmerwohnung stapelten. Eine große Anzahl solcher Säcke wurde auch von einzelnen Mitgliedern der Tibethilfe in Eigeninitiative gefüllt und nach Indien geschickt.

Einmal wurde ich in Indien Augenzeugin, wie in der Siedlung von Bir die von uns dorthin geschickten Säcke ankamen und die Kleidung verteilt wurde. Die Tibeter hatten sich dafür eine recht unorthodoxe Methode ausgedacht. Auf dem Flachdach des Klosters wurden die Säcke ausgepackt und die Kleider in hundert ungefähr gleich große Haufen aufgeteilt. Jeder Haufen bekam eine Nummer. Zugleich wurden hundert Lose gerollt. Die unten im Hof wartenden Tibeter durften Lose ziehen.

Dann wurde zugeteilt. »Nummer eins«, schrie der glückliche Besitzer des entsprechenden Loses. Kurz darauf wurde der Kleiderhaufen Nummer eins vom Dach in den Hof geworfen. Natürlich passte das oft nicht recht zusammen. Männer gewannen Frauenkleidung und umgekehrt, und was der eine gewann und ihm nicht recht gefiel oder größenmäßig nicht passte, war genau der Geschmack und die Konfektionsgröße des anderen. Nach Abschluss der Losaktion setzte also eine wilde Tauscherei ein, bei der es drunter und drüber ging. Irgendwie schien am Ende dann doch jedes Stück seinen glücklichen Abnehmer zu finden.

Auch in Ladakh erlebte ich einmal eine solche Verteilung mit. Unter den Kleidern befanden sich einige Pelzmäntel, die von ihren »Gewinnern« aber nicht angezogen, sondern in den eiskalten ladakhischen Wintern als zusätzliche Bettdecken verwendet wurden. Die Tibeter in Ladakh bewiesen auch in der Kleidungsfrage wieder einmal ihre Schlitzohrigkeit. Sie eröffneten in Leh einen Second-Hand-Laden, in dem viele der gespendeten Kleidungsstücke in Bargeld umgesetzt wurden. Das war natürlich nicht im Sinne des Erfinders und außerdem passte es den indischen Behörden nicht: »Wir lassen die Sachen als humanitäre Hilfe zollfrei ins Land und die Tibeter machen damit Gewinne. Das geht nicht.«

Also wurde bald darauf Zoll auf unsere Lieferungen erhoben. Da auch die Postgebühren in Deutschland immer teurer wurden, lohnte sich diese Kleider-Sonderaktion nicht mehr und wurde eingestellt.

Zwischen Tibetern und Indern kam es später übrigens zunehmend zu Problemen. In den ersten fünfzehn Jahren gab es so gut wie keine Schwierigkeiten. Die indische

Regierung half den Tibetern, so gut es eben möglich war, und forderte als Gegenleistung eigentlich nur, dass die Tibeter sich aus der Politik heraushalten sollten. Später aber begannen die jungen Tibeter zunehmend mit Demonstrationen und anderen politischen Aktionen gegen China, was das indisch-tibetische Klima belastete und natürlich auch der chinesischen Regierung ein Dorn im Auge war, mit der es sich Indien nicht verderben wollte.

Auch wuchs der Sozialneid mancher Inder auf die Tibeter, die aus aller Welt mit Spenden überschüttet wurden, während viele Inder ganz ohne Hilfe in teilweise noch ärmeren Verhältnissen leben mussten. Immer mehr Tibeter brachten es zu Wohlstand und nicht selten auch zu Reichtum. Soziologen, die tibetische Siedlungen in Indien erforschten, stellten fest, dass die ehemaligen tibetischen Bauern und Nomaden, die als bettelarme Flüchtlinge ins Land gekommen waren, bald wohlhabender waren als die durchschnittlichen indischen Bauern und Arbeiter. Auch die Gründe für den Erfolg der Tibeter in Indien wurden genannt: »Erstens sind die Tibeter fleißig. Zweitens arbeiten die Frauen ebenso hart wie die Männer, wenn nicht härter. Und drittens haben die Tibeter einen angeborenen Instinkt für den Handel.«

Bald schon schufen die Tibeter auch Arbeitsplätze für die indische Bevölkerung im Umkreis der Siedlungen. Auch die Klöster stellten nicht selten indische Arbeiter ein. Zugleich grenzten sich die Tibeter bewusst von der indischen Gesellschaft ab. Die Einrichtung tibetischer Siedlungen ging ja von der Vorstellung aus, Freiräume zu schaffen, in denen die Flüchtlinge vom Dach der Welt ihre bedrohte kulturelle und religiöse Identität bewahren und pflegen konnten. Der Dalai Lama wollte unbedingt verhindern, dass die Tibeter mit ihrer einmaligen Religion und Kultur von der indischen Milliardenbevölkerung aufgesogen wurden. Später erst regte sich auf indischer Seite Kritik an dieser Haltung und es wurde die Forderung erhoben, dass die Tibeter in Indien sich in ihrem Gastland integrieren sollten.

Auch Entwicklungen, die lange als positiv gesehen wurden, wie etwa das Schaffen von Arbeitsplätzen für Inder, kehrten sich manchmal in ihr Gegenteil. Ich selbst habe tibetische Baustellen gesehen, auf denen indische Frauen für geringsten Lohn Steine schleppten, bewacht und angetrieben von einem tibetischen Aufseher. Es kam auch zu ernsten Zwischenfällen, die das Klima zwischen Tibetern und Indern vergifteten. In Chauntra waren ein Inder und ein Tibeter in heftigen Streit geraten. Der Tibeter zog das Messer und erstach den Inder. Daraufhin kochte die Volksseele. Die tibetische Siedlung wurde angezündet. In Manali brannte nach einem ähnlichen Zwischenfall der große tibetische Markt. Auch in Dalhousie brannten tibetische Marktstände. Ich habe die abgefackelten Buden mit eigenen Augen gesehen.

Auch zwischen den Tibetern verlief nicht immer alles friedlich. Probleme wie der Konflikt um den vom Dalai Lama abgelehnten Schutzgeist Shugden oder Kontroversen um die zwei Reinkarnationen des Karmapa spalteten die tibetische Exilgemeinde und führten hin und wieder zu Gewalttätigkeiten. Sicherlich spielten dabei auch alte, noch in Tibet wurzelnde Zerwürfnisse zwischen Familienclans, Volksgruppen und buddhistischen Sekten eine Rolle.

Ich hielt mich aus all diesen für Außenstehende ohnehin oft schwer durchschaubaren Zwistigkeiten heraus, ergriff nie Partei, sondern fühlte mich ausschließlich den bedürftigen Tibetern, den Mitgliedern der Tibethilfe in Deutschland und dem Dalai Lama gegenüber verantwortlich. Ich reise jedes Jahr nach Indien, immer im Wechsel nach Nordindien und Südindien, um neue Patenschaften und Projekte aufzunehmen und um die bereits laufenden Maßnahmen zu überprüfen. Das war nicht immer einfach. Auf den ersten Reisen ließ ich mich noch ganz von meinen Gefühlen leiten. Wenn jemand zu mir kam und sagte: »Bitte hilf mir, ich bin doch so arm«, genügte das für mich oftmals, um eine Patenschaft in die Wege zu leiten. Doch als einmal in einer Siedlung eine große Zahl von Menschen auf mich zukam und um Hilfe zu betteln begann, fragte ich meinen Begleiter, einen Repräsentanten der Siedlung: »Sind das hier die Ärmsten?«

»Nein«, antwortete er, »das ist die Mittelklasse. Die Ärmsten, die trauen sich nicht heraus. Die kommen gar nicht an die Öffentlichkeit.«

Fortan ging ich dazu über, mir von den Betreuern der Siedlungen, die ihre Schützlinge gut kannten, Vorschläge machen zu lassen. Ich ließ mir melden, wer wirklich arm und bedürftig war, und suchte diese Personen dann auf. Allerdings habe ich es in all den Jahren meiner Arbeit in Indien leider nie geschafft, dass sich alle Repräsentanten einer Siedlung an einen Tisch setzten – der Lehrer, der Arzt, der Siedlungsleiter etc. –, um gemeinsam die Ärmsten der Siedlung zu ermitteln und über die sinnvollste Verwendung von Hilfsgeldern zu beraten. Meist war es der Siedlungsleiter, der mir Vorschläge machte. Ich nahm dann die Daten der betreffenden Personen auf und fotografierte sie. Jeder Pate, der bereit war, einen Tibeter zu unterstützen, bekam in Deutschland zum Patenbrief mit allen Angaben auch ein Foto seines Patenkindes. Ich hatte auf jeder Reise etwa sechzig bis siebzig Filme dabei, denn ich fotografierte nicht nur neue Patenkinder, für die in Deutschland erst noch Paten gesucht werden mussten, sondern auch alle Patenkinder, die bereits Gelder von der Tibethilfe bekamen. Auf den Listen, die ich auf meinen Reisen mitführte, waren alle Siedlungen, Schulen und Klöster mit sämtlichen dort lebenden Patenkindern verzeichnet. Wenn ich etwa in ein Kloster kam, in dem wir fünfzig Patenmönche versorgten, mussten alle fünfzig persönlich erscheinen, wurden von mir identifiziert, fotografiert und auf einer Liste durchnummeriert, damit wir die Bilder später auch korrekt zuordnen konnten. Diese Fotos wurden um Weihnachten mit einem Anschreiben an die jeweiligen Paten in Deutschland verschickt, oft mit ein paar persönlichen Zeilen oder einem per Hand aufgeklebten Weihnachtsstern. Auch die Briefe und Karten, die die Patenkinder für ihre Paten an die Adresse der Deutschen Tibethilfe schickten, wurden diesen Aussendungen zusortiert und beigefügt. Das war sehr arbeitsintensiv, aber so war jeder Pate stets über den Stand seiner Patenschaft informiert, hatte ein aktuelles Foto seines Patenkindes vor Augen und nicht selten auch ein Lebenszeichen von diesem.

Der Erfolg der Tibethilfe

Ich glaube, dass der persönliche, fast familiäre Umgang mit den Paten sehr zum Erfolg der Tibethilfe beigetragen hat, denn kein Pate hatte je das Gefühl, nur eine Nummer in irgendeinem »Spendencomputer« zu sein. Einen

Computer hatten wir bei der Tibethilfe ohnehin lange nicht. Alle Patenschaften wurden auf gute alte Art mittels handgeschriebener Karteikarten verwaltet, Briefe mit einer alten Schreibmaschine getippt oder per Hand geschrieben. Auch diese nostalgische, aber trotzdem effektive Arbeitsweise gewann uns das Herz vieler Menschen.

Auch die Tatsache, dass die Tibethilfe die Spendengelder stets direkt den Siedlungen und Klöstern zugeleitet und nicht zentral beim zuständigen Ministerium in Dharamsala abgeliefert hat, stärkte das Vertrauen der Paten in unseren Verein. Freilich konnte ich das Geld nicht mehr bar in meinem Gepäck mit nach Indien nehmen, wie ich das noch bei meiner ersten großen Indienreise getan hatte. Im Laufe der Zeit beliefen sich die Patengelder nämlich alle vier Monate auf bis zu achthunderttausend Mark. Wir stellten stattdessen fünfzig bis sechzig Schecks aus und sandten diese per Einschreiben an die Siedlungen und Klöster. Wir hatten herausgefunden, dass Schecks für die Empfänger besser waren als Überweisungen, denn die indischen Banken pflegten mit überwiesenen Geldern noch eine Weile zu arbeiten, bevor sie zur Auszahlung gelangten. Wir schickten Schecks, ausgestellt in indischen Rupien, um Unregelmäßigkeiten beim Umrechnen des Dollarkurses zu vermeiden. Diese Schecks gingen zusammen mit genauen Listen der Patenkinder und dem Betrag, der für jede einzelne Person vorgesehen war, alle vier Monate an die zuständigen Siedlungsleiter, die sich um die Verteilung an die Betreffenden kümmerten. Man kann sich vorstellen, wie viel Verwaltungsarbeit das in meinem kleinen Wohnbüro verursachte. Denn alles musste natürlich auch regelkonform im Sinne des deutschen Steuerrechts durchgeführt werden. Meine jährlichen Reisen waren immer die Höhepunkte der genau durchgeplanten Arbeitsjahre, in denen in regelmäßigen Zyklen Buchhaltung, Jahresabschluss, Versand der Spendenquittungen an die Paten, Einberufung und Durchführung der jährlichen Mitgliederversammlung, Redaktion und Herstellung des Rundbriefes und vieles mehr erledigt werden musste. Dazu kamen meine Vorträge, bei denen ich von meinen Reisen und den Projekten der Tibethilfe berichtete. So gingen die Jahre wie im Flug dahin …

Nach einer Weile begannen wir auch tibetische Studenten zu unterstützen. Ich habe diese Kandidaten für Patenschaften stets selbst ausgewählt und in persönlichen Gesprächen über ihre Pläne und Karrierevorstellungen befragt. Die tibetische Zentralverwaltung hatte bei den tibetischen Studenten eine besondere Regelung getroffen: Studenten mit einem Leistungsnachweis von mehr als sechzig Prozent wurden von Dharamsala aus unterstützt. Also richteten wir unser Augenmerk auf junge Tibeter mit etwas schlechteren Zensuren, die auf eine Wertung von nur fünfzig bis sechzig Prozent kamen. Wir konnten vielen tibetischen Studenten helfen; in manchen Jahren waren es um die vierhundert, die dank unserer Hilfe College oder Universität besuchten. Und es zeigte sich, dass diese Studenten mit großem Fleiß und besonderem Einsatz alles daransetzten, das in sie gesetzte Vertrauen zu rechtfertigen. Trotz ihrem anfänglich schlechteren Leistungsnachweis schlossen sie die Hochschule oft mit besseren Ergebnissen ab als die Studenten, die ihre Unterstützung aus Dharamsala bezogen.

Meine Besuche in den Klöstern und Siedlungen hatten natürlich auch einen besonderen Effekt, der mich persönlich betraf. Man begrüßte mich in den Siedlungen mit

Blumen und Kataks und Spruchbändern, nicht selten sogar mit der Musikkapelle der Schule, um Dankbarkeit für die Hilfe aus Deutschland zum Ausdruck zu bringen. Es war nicht immer leicht für mich, den begeisterten Tibetern, die diese Hilfe ausschließlich mit meiner Person in Verbindung brachten, klarzumachen, dass die Hilfsgelder, die sie von der Tibethilfe empfingen, nicht von mir persönlich stammten, sondern dass ich nur Vertreterin war für die zahlreichen Patinnen und Paten in Deutschland.

Und doch waren solche Empfänge natürlich sehr rührend. Vor allem die alten Tibeter und die einfachen Nomaden hatten eine derart herzliche und freudige Art, dass ich in Deutschland, wenn mir die Büroarbeit über den Kopf wuchs oder ich irgendwelchen Ärger hatte, nur an diese Menschen denken musste, an ihr strahlendes, glücksprühendes Lachen, ihre tief empfundene Dankbarkeit, um wieder Kraft zu schöpfen und mir zu bestätigen, dass all diese Arbeit für die Tibeter auch sinnvoll war.

Ein ehemaliges tibetisches Patenkind aus Bir, das jetzt in Deutschland lebt, erzählte mir einmal, dass sie sich immer sehr auf meine Besuche gefreut habe, vor allem, wenn ich Fotos von den alten Tibetern machte und dabei fragte: »Und wer von euch ist älter als ich?« Von den etwa hundert Alten, die zum Fotografieren angetreten waren, meldeten sich dann nur zwei oder drei, die tatsächlich mehr Jahre auf dem Buckel hatten als ich. Die meisten waren jünger. Das war stets Anlass zu allgemeiner Heiterkeit. Denn nichts tun Tibeter lieber als lachen, auch wenn der Anlass scheinbar unbedeutend ist.

Man ehrte mich auf jede nur denkbare Art und veranstaltete fröhliche Feste, wenn ich die Siedlungen besuchte. Einmal, in Ladakh, zimmerten die Alten eigens für mich sogar ein neues Toilettenhäuschen mit richtigem Sitz und der hellsten Glühbirne, die ich je in Ladakh gesehen habe. Ich hielt mich zwar nur drei Tage in der Siedlung auf, aber das hinderte die Tibeter nicht, ihr Bauvorhaben auszuführen. Der Grund für diesen Bau waren die vielen Hunde, die nachts auf dem Weg zu den allgemeinen Toiletten herumlungerten und die Menschen belästigten. Das wollte man mir nicht zumuten. Vermutlich hat man das stolze Bauwerk nach meiner Abreise wieder abgerissen oder aber man nutzte es später als Getreidespeicher, wie ich das an einem anderen Ort einmal sehen konnte.

Immer wieder mussten auch Sonderprojekte für einzelne Menschen in Angriff genommen werden. Etwa in Orissa, als ich fragte: »Gibt es hier jemanden, der besonders hilfsbedürftig ist?« Der Siedlungsleiter antwortete: »Ja, wir haben ein Mädchen mit einem Wolfsrachen (Lippen-Kiefer-Gaumenspalte), aber die rennt immer weg und wird auch in der Schule immer nur gehänselt wegen ihres Aussehens. Die ist sehr scheu.«

»Bitte bringt sie her«, sagte ich. »Ich muss ein Foto von ihr machen, dann kann ich sicher etwas für sie tun.«

Aber das Mädchen hatte sich bereits versteckt. Schließlich brachten zwei Männer sie zu mir. Sie sträubte sich mit Händen und Füßen, weinte und schämte sich, weil sie wirklich sehr schlimm aussah. Ich machte ein Foto von ihr.

In Deutschland schrieb ich an einen Professor in Frankfurt, der als Spezialist für Lippenspalten und für seine wohltätige Gesinnung bekannt war. Er fuhr jedes

Jahr mit seinem Team nach Indien oder Afrika, um dort kostenlos arme Menschen zu operieren. Ich schickte ihm das Foto des Mädchens, bekam aber eine Absage. »Wir haben in Indien schon zu viele Anmeldungen. Es ist unmöglich, noch jemand dazuzunehmen.« Doch ich insistierte und schrieb zurück: »Bitte, bitte, nur dieses eine Mädchen.« Der Professor ließ sich erweichen. Bei meinem nächsten Besuch in Orissa fand ich ein glückliches, strahlendes Mädchen vor, dem seine einstige Entstellung kaum mehr anzusehen war. Und als ich das letzte Mal in Orissa war und in die Teppichknüpferei ging, kam mir eine junge, hochschwangere Frau entgegen und fiel mir um den Hals. Ich erkannte sie zuerst gar nicht – es war dieses Mädchen, das nun verheiratet war und ihr erstes Kind erwartete. Solche Glücksmomente wogen für mich alle Arbeitsmühen und Reisestrapazen auf.

Hin und wieder gab es auch »Zufälle« oder, besser gesagt, »Fügungen«. Zum Beispiel in Mainpat, wo man mich auf ein Mädchen hinwies, das eine Entzündung im Bein hatte und seit einer erfolglosen Operation nicht mehr auftreten konnte. Sie war zwanzig Jahre alt, verbrachte den ganzen Tag im Bett und war nicht einmal mehr in der Lage, selbstständig zur Toilette zu gehen. Die Ärzte waren der Meinung, dass Hilfe durch eine weitere Operation nicht möglich sei. Aber das wollte ich nicht glauben. »Es muss doch einen Arzt in Indien geben, der helfen kann«, sagte ich und die Mutter des Mädchens antwortete: »Es gibt nur einen einzigen Arzt, der etwas tun könnte, Dr. Puntsok.« Ich horchte auf, denn ich kannte in ganz Indien nur einen einzigen Arzt persönlich, und zwar eben diesen Dr. Puntsok. Er war der Schwiegersohn von Mr Gergan, dem Herrnhuter Bruder aus

Ladakh, mit dem ich gut befreundet war. Ich hatte seine Tochter, die mit diesem Dr. Puntsok, einem bekannten Orthopäden, verheiratet war, auf einer früheren Reise in Dehradun besucht. Also brach ich umgehend nach Dehradun auf und tatsächlich erinnerte sich Dr. Puntsok noch an mich. Ich hatte Röntgenaufnahmen des Mädchens bei mir und Dr. Puntsok sagte: »Schaffen Sie das Mädchen sofort her.« Ich schob meine Rückreise nach Deutschland einige Tage auf und bat Riga Lama aus einem Kloster bei Dehradun, den ich gut kannte, das Mädchen nach meiner Abreise im Krankenhaus zu betreuen. Drei Männer trugen das Mädchen, als es schließlich ankam. Als ich das nächste Mal Mainpat besuchte, humpelte mir das Mädchen auf zwei Krücken entgegen. Zwei Jahre später, bei meinem nächsten Besuch, ging sie mit einem Stock. Mittlerweile bewegt sie sich ohne alle Gehhilfen. Dr. Puntsok hat dieser jungen Frau ein neues Leben geschenkt. Übrigens ohne sie zu operieren. Er konnte ihre Krankheit auf andere Weise heilen.

Eine weitere Sonderaktion fand in Choglamsar statt, dem tibetischen Flüchtlingslager in Ladakh. Die alten Tibeter dort mussten auf Lagern aus Lumpen auf dem Boden schlafen. Also rief ich die Aktion ins Leben: »Ein Bett für einen Tibeter«. Für hundert Mark konnte ein Spender einem alten Tibeter ein Holzbett mit Matratze, Steppdecke, Decke und Kopfkissen zukommen lassen. Die Aktion kam gut an in Deutschland und so konnten wir nach und nach für alle Alten in Choglamsar menschenwürdige Schlafstätten schaffen.

Die Alten waren hellauf begeistert von ihren neuen Betten. Als ich später einmal Choglamsar besuchte, fragte ich eine der alten Frauen, wie es ihr denn gehe, und sie antwortete: »Ich bin glücklich. Ich habe eine Matratze und ich habe zu essen. Ich bin glücklich.« An diesen Ausspruch der alten Tibeterin erinnere ich mich gerne, wenn ich bei uns in Deutschland hin und wieder Menschen auf verhältnismäßig hohem Niveau klagen höre.

Auch den Nomaden im ladakhischen Changtang konnten wir helfen, als ihre Existenz bedroht war. In dem besonders strengen Winter 1990/91 waren im Changtang etwa vierundzwanzigtausend Schafe und Ziegen sowie fünfhundert Yaks verendet. Von diesen Tieren aber hing das Überleben der Nomaden ab. Wir konnten ihre Not etwas lindern, indem wir für sechsunddreißigtausend Mark über tausend Schafe und Ziegen kauften und an die Nomaden verteilen ließen. Es mussten in Ladakh geborene zweijährige Lämmer sein, denn nur diese vermochten die extremen Klimabedingungen im Changtang auszuhalten. Ein junger, sehr tüchtiger tibetischer Lehrer hat sich vor Ort für die Tibethilfe darum gekümmert. Auch für etwa hundert Kinder aus SOS-Kinderdörfern in Ladakh konnten wir Paten finden. Viele dieser Kinder, die andernfalls Analphabeten geblieben wären, konnten später studieren und anspruchsvolle Berufe ergreifen.

Licht und Schatten

Freilich verlief nicht immer alles reibungslos. Wie schon erwähnt, waren die Tibeter oft recht schlitzohrig und clever, wenn es um Patengelder ging. Die Vermeidung von Doppelpatenschaften war stets eine Herausforderung für mich. Viele Tibeter, die etwas Englisch konnten, sprachen Touristen an, gaben ihnen ein Foto von sich oder ihren Kindern und baten um eine Patenschaft. Dabei verschwiegen sie natürlich, dass sie oder ihre Kinder längst schon von einer Tibet-Hilfsorganisation unterstützt wurden. Auch wenn der Abt eines Klosters in den Westen reiste, trug er nicht selten einen Stapel Fotos seiner Mönche bei sich, denen er Paten vermitteln sollte, ungeachtet der Tatsache, dass sie vielleicht schon regelmäßig Gelder bekamen. Auch musste man aufpassen, ob die Patenkinder sich tatsächlich an dem Ort befanden, wo sie bei uns gemeldet waren. Das war der Grund, warum ich bei jedem meiner Besuche stets alle kommen ließ und nach einer Liste abfotografierte. Nicht selten musste ich mehrmals in einer Siedlung erscheinen, um wirklich alle unsere Patenkinder anzutreffen. Die Patengelder wurden nämlich nur für eine bestimmte Zeit ausbezahlt – an Schulkinder und Studenten bis zum Schul- bzw. Studienabschluss, an alte Menschen bis zu ihrem Tod, an Mönche nur solange sie wirklich im Kloster lebten.

Im tibetischen Buddhismus ist es im Gegensatz zum Katholizismus einem Mönch problemlos möglich, seine Gelübde zurückzugeben und in den Laienstand zurückzukehren. Es ist im tibetischen Kulturkreis nichts Ungewöhnliches, dass Mönche das Kloster verlassen, um eine Familie zu gründen. Selbst Tulkus, wiedergeborene Lamas, die bei den Tibetern besondere Hochachtung und Verehrung genießen, entscheiden sich hin und wieder für ein weltliches Leben und legen ihre Robe ab. In der tibetischen Gesellschaft ist dies ohne Vorbehalte akzeptiert. In den Klöstern hingegen spricht man von solchen Fällen nicht gerne. Daher wurde ich immer hellhörig, wenn ich in ein Kloster kam und es von einem unserer Patenmönche hieß, er sei gerade nicht da, entweder auf Urlaub bei seiner Familie, auf Reisen zu einem anderen Kloster oder auf Pilgerschaft zu einem heiligen Ort. Immer wieder musste ich feststellen, dass solche »vorübergehend abwesenden« Mönche in Wirklichkeit das Kloster für immer verlassen hatten. Dadurch erlosch natürlich auch ihre Patenschaft. Das alles musste überprüft werden, wollte man nicht Geld überweisen für einen solchen Mönch, oder für einen verstorbenen Alten, dessen Name immer noch auf den Patenlisten stand, oder für einen Studenten, der längst seinen Abschluss hinter sich hatte und ins Berufsleben gestartet war.

Erschwert wurde die Überprüfung nicht selten durch Siedlungsleiter, die selbst nicht ganz ehrlich mit den empfangenen Spendengeldern umgingen oder die Zuwendungen für »Karteileichen« in die eigene Tasche fließen ließen. Die Einstellung vieler Repräsentanten hatte sich im Laufe der Jahre nämlich geändert. Sagten sie anfangs: »Ich tue meine Arbeit für den Dalai Lama«, so ging es später nicht selten nur mehr um die Frage: »Wie viel verdiene ich?« Solch materielles Denken griff auch unter den Patenkindern immer mehr um sich. Viele Mädchen meldeten sich nur aus dem Grund zur Krankenschwestern-Ausbildung, weil das ihre Chancen erhöhte, später in ein westliches Industrieland auswandern zu können. Es war mitunter traurig für mich zu sehen, wie junge Tibeter, denen wir über viele Jahre eine gute Ausbildung finanziert hatten, in die USA oder nach Kanada auswanderten, anstatt ihr Wissen und Können für ihre Landsleute in Indien einzusetzen. Einmal boten die USA tausend Tibetern Gelegenheit zur Einwanderung. Die Behörden der Exilverwaltung sollten diese tausend auswählen. Anfangs hieß es, man wolle nur arme Tibeter schicken, die in Indien nicht wirklich Fuß gefasst hatten. Doch auch viele andere Tibeter sahen hier die Chance ihres Lebens, den ersehnten Absprung in ein reiches westliches Land zu schaffen. Schließlich regelte man es so, dass fünf Gruppen von je zweihundert Menschen gebildet wurden – die erste bestand aus gut ausgebildeten Tibetern, eine andere aus Tibetern, die bereits Verwandte in den USA oder Kanada hatten. Nur eine Gruppe setzte sich aus den ursprünglich vorgesehenen armen Tibetern zusammen. Die erste Gruppe der gut Ausgebildeten hinterließ in der tibetischen Exilgemeinde schmerzliche Lücken. So gab es plötzlich in der Schule des SOS-Kinderdorfes in Dharamsala keinen Lehrer für Naturwissenschaften mehr, was die Schüler, die in diesen Fächern einen Abschluss machen wollten, in große Schwierigkeiten brachte. Auch Familien wurden durch solche Auswanderungswellen auseinandergerissen. Nicht selten zerbrachen Familien, etwa wenn der Familienvater in die USA ging und dort eine andere Frau fand. Viele der Auswanderer aber holten ihre Familien nach.

Ich habe von vielen tibetischen Familien gehört, die in Amerika sehr tüchtig und fleißig waren und es zu mehr Wohlstand brachten, als es ihnen in Indien jemals möglich gewesen wäre. Es gab beispielsweise den Fall einer jungen Tibeterin, die ich gut kannte, weil sie die komplette Korrespondenz eines Klosters führte, mit dem die Tibethilfe zu tun hatte. Auf einer meiner Reisen traf ich sie unerwartet in Delhi. Sie war auf dem Weg in die USA, und zwar ohne ihren Mann und ohne ihre sieben Kinder. Sie sagte zu mir: »Ich habe auch eine Ausbildung als Krankenschwester und werde meinen Mann und meine

Kinder später nach Amerika holen.« Ich war skeptisch, aber sie hat ihr Versprechen gehalten. Sie ernährte durch ihre Stelle als Krankenschwester die ganze große Familie und ihre Kinder gingen alle in den USA zur Schule, manche später sogar zur Universität. Doch solche positiven Verläufe ließen sich damals, als diese Auswanderungen akut waren, nicht absehen und ich war doch sehr enttäuscht, dass sich auch viele unserer ehemaligen Patenkinder unter den Ausreisewilligen befanden, darunter Lehrer, Ärzte und Sekretäre, die alle schon feste Anstellungen in der tibetischen Exilgemeinschaft hatten.

Manche Patenkinder erlangten in Kreisen der Tibethilfe sogar einige Berühmtheit, zum Beispiel Palmo aus Ladakh. Ihr Foto, das ich bei jedem meiner Vorträge zeigte, wurde – neben dem Bild einer alten, schelmisch lachenden ladakhischen Bäuerin – so etwas wie eine Ikone der Tibethilfe. Ich hatte es 1975 auf meiner allerersten Reise aufgenommen, als Palmo noch ein Kind war. Das Bild des süßen kleinen Mädchens in zerlumpten Kleidern weckte in vielen Besuchern meiner Vorträge den Wunsch, für Palmo eine Patenschaft zu übernehmen. Doch zunächst konnte ich über Palmo keinerlei Auskunft geben, denn ich besaß nicht mehr von ihr als dieses Foto, das eher zufällig in der Nähe des Klosters Lamayuru in Ladakh entstanden war. Aber alle drängten mich, das Kind aufzufinden. Bei meiner nächsten Reise 1979 forschte ich mithilfe des Fotos nach Palmo. Ich zeigte das Bild in Lamayuru anderen Kindern und die verwiesen mich auf eine Frau: »Das ist die Mutter.« Ich zeigte ihr das Foto und sie nickte. »Ja, das ist meine Tochter.« Wir gingen zu ihrer äußerst ärmlichen Unterkunft. Die Familie lebte in einer Höhle, in der ich nicht einmal ein Bettgestell entdecken konnte. Offenbar schliefen alle auf Lumpenlagern auf dem Boden. Die Frau hatte noch weitere Kinder und es stellte sich heraus, dass sie ihre Tochter Palmo zu einem Bauern in der Nähe von Phiyang gegeben hatte, etwa hundert Kilometer von Lamayuru entfernt. Dort würden wir sie finden. Also fuhr ich mit meinem Dolmetscher weiter nach Phiyang. Wieder zeigte ich das Foto des Mädchens vor und erfuhr, dass sie auf dem Feld beim Ziegenhüten sei. Tatsächlich fanden wir Palmo zwei Stunden später weit draußen im Tal von Phiyang. Verängstigt und etwas verwahrlost stand sie da. Ihre bettelarme Familie hatte sie für geringes Entgelt dem Bauern als Arbeitskraft überlassen. Aber Palmos Vater vertrank das Geld, das seine kleine Tochter für ihn verdiente. In Leh bat ich den Direktor der Lamdon-Schule, doch etwas für das Kind zu tun. Er versprach es und suchte tatsächlich den Bauern auf, um mit ihm über das Kind zu reden. Der Bauer blieb hart: »Nein, die kriegst du nicht, die gebe ich nicht her. Die ist eine gute, billige Arbeitskraft. Außerdem habe ich für sie bezahlt.« Als der Direktor Einwände machte, jagte der Bauer ihn vom Hof. Doch drei Wochen später schickte der Direktor zwei junge Lehrer, die Palmo vom Feld weg mitnahmen und nach Leh brachten, ohne den Bauern zu fragen. Der Direktor nahm Palmo in seine Familie auf und fortan besuchte sie die Lamdon-Schule. Palmo bekam einen Paten aus Deutschland, der für ihren Unterhalt aufkam, und sie lebte viele Jahre glücklich im Haus des Direktors. Der Bauer aber konnte seinen »Verlust« nicht verwinden. Immer wenn er dem Direktor begegnete, spuckte er verachtungsvoll vor ihm aus. Damit ist Palmos Geschichte jedoch noch nicht zu Ende. Als sie die letzte Klasse in der Lamdon-Schule beendet hatte, sagte sie zu ihrem Pflegevater: »Ich bin nicht besonders intelligent und möchte lieber nicht auf eine höhere Schule gehen.« Stattdessen stieg sie in ein etwas zweifelhaftes japanisches Hilfsprojekt ein, das Mädchen aus Ladakh einlud, nach Japan zu kommen, um dort das Schneiderhandwerk zu erlernen. Die kleine Gruppe saß jedoch fast ein Jahr in Delhi fest, weil keine Visa erteilt wurden. Schließlich durften sie doch nach Japan einreisen, erhielten dort aber keine Aufenthaltsgenehmigung und mussten unverrichteter Dinge nach Indien zurückkehren.

In Delhi lernte Palmo, die mittlerweile zu einer hübschen jungen Frau herangewachsen war, einen Mann aus Ladakh kennen, den sie heiratete, ohne dass ihre Eltern und die Eltern ihres Bräutigams davon wussten. Das junge Paar kehrte schließlich nach Ladakh zurück, wo es ein sehr schwieriges Leben führte. Nur der junge Mann bekam Arbeit, Palmo musste für die Schwiegermutter im Haushalt arbeiten, Wasser holen, Wäsche waschen für die ganze Familie und so weiter. Nachdem ich mir diese Misere bei einem Ladakh-Besuch angesehen hatte, ging ich zum Direktor der Lamdon-Schule und sagte: »Ihr habt Palmo viel zu verdanken. Sehr viele Patenschaften für eure Schüler kommen doch nur wegen ihres Fotos. Ihr müsst ihr einen Job besorgen.« Noch am gleichen Abend war sie bei der Lamdon-Schule angestellt und betreute fortan die kleinen Kinder in Kindergarten und Vorschule. Mittlerweile hat sie selbst zwei Kinder. Eine ihrer Töchter geht bereits in Delhi zur Schule und Palmo ist eine glückliche zufriedene Frau. Sie hat zusammen mit ihrem Mann in Leh ein kleines Häuschen gebaut, in dem sie auch Gästezimmer an Touristen vermietet.

Ich habe viele Patenkinder heranwachsen sehen und nicht für alle haben sich so glückliche Umstände eröffnet wie für Palmo, doch hat die Ausbildung, die ihnen ihre Paten ermöglichten, den meisten von ihnen ein gutes Auskommen und ein glückliches Leben beschert.

Mitunter waren es die kulturellen Traditionen der Tibeter, die unsere Arbeit erschwerten. Beispielsweise bekam ein junger Tibeter eine Lehrstelle als Friseur angeboten. Doch seine Familie lehnte das ab: »So etwas tut ein Tibeter nicht.« Auch von den zehn jungen Tibetern, denen wir eine Ausbildung als Mechaniker verschafften, blieben nur zwei übrig, weil in der alten tibetischen Gesellschaftsordnung Schmiede und andere Handwerker, die mit Metall umgingen, einen sehr niedrigen Rang einnahmen. Mittlerweile haben sich solche Vorurteile etwas aufgelöst, aber anfangs waren sie kaum zu durchbrechen.

Ein besonderes Thema in der Arbeit der Tibethilfe war der Wunsch vieler Paten, direkten Kontakt mit ihren Patenkindern zu halten. Es gab immer wieder Paten, die der Meinung waren: »Das ist mein Kind.« Sie verwöhnten »ihr« Kind durch Extra-Geschenke oder auch Extra-Spenden, die gemäß unseren Prinzipien ebenfalls direkt für das Patenkind verwendet werden mussten. Doch das schuf nicht selten Neidsituationen in den Siedlungen. Interessanterweise war der Neid zwischen Patenkindern eher ein Phänomen der späteren Zeit. Am Anfang unserer Arbeit gab es solchen Neid nicht. Wenn mir jemand in Deutschland ein Päckchen für sein Patenkind mitgab, das beispielsweise ein Spielzeugauto enthielt, dann spielten alle Kinder des Camps damit. Erst später, wenn bestimmte Kinder von ihren Paten besonders verwöhnt wurden, kamen solche Neidgefühle auf. Leider gelang es nur selten, die Paten davon zu überzeugen, doch lieber ein Paket mit Luftballons oder Malstiften für alle Kinder in die Siedlung zu schicken anstatt eines Verwöhnpakets für ein einzelnes Kind. Manche Paten steigerten sich richtiggehend in die Beziehung zu »ihrem« Kind hinein, waren entsetzt, wenn das Kind in der Schule schlechte Noten bekam oder sitzen blieb, und versuchten auf verschiedene Art, Einfluss auf das Leben des Kindes auszuüben.

Ich habe stets davon abgeraten, Patenkinder auf Besuch nach Deutschland einzuladen, denn der Kulturschock war für viele Kinder einfach zu gravierend. Ich sagte immer: »Wenn die Kinder ihr Studium abgeschlossen haben, dann kann man sie gerne einladen, vorher besser nicht.« Dennoch konnten wir manche Paten nicht davon abhalten. Oft standen aber die Sprachschwierigkeiten einem engeren Kontakt zwischen Paten und Patenkind im Wege. Schon die briefliche Verständigung war meist schwierig und auf wenige oberflächliche Themen beschränkt. Und auch persönliche Begegnungen erfüllten oft nicht die Erwartungen der Paten, die auf ihren Indienreisen »ihre« Patenkinder in den Siedlungen besuchten. Und doch kam es immer wieder auch vor, dass aus einer Patenschaft eine lebenslange Freundschaft wurde. So etwa bei einer Münchner Patin, deren Patensohn tibetische Medizin studierte. Schon während der Ausbildung schrieb er an seine Patin: »Wenn Du mal krank wirst, komme ich, um Dich zu pflegen.« Und tatsächlich kam er später als ausgebildeter tibetischer Arzt mehrfach nach Deutschland und kümmerte sich persönlich um seine ehemalige Patin. Mittlerweile leitet er das Zentrum für tibetische Medizin in Bangalore. Auch besorgte ich einmal einem jungen deutschen Mädchen, das an der Glasknochenkrankheit litt, eine gleichaltrige tibetische Brieffreundin in Indien. Die beiden Mädchen wurden auf schriftlichem Wege dicke Freundinnen und führten eine rege Korrespondenz. Die eine begann in ihrem Brief eine Geschichte, die die andere im Antwortbrief fortsetzte, und so ging es hin und her. Das kranke deutsche Mädchen war sehr glücklich und schöpfte viel Lebensmut aus dieser Freundschaft. Nachdem es gestorben war, besuchte das tibetische Mädchen sogar die Eltern in Deutschland.

Die Situation der Tibeter

Indes wurden die tibetischen Siedlungen zunehmend mit internen Schwierigkeiten konfrontiert, zum Beispiel Arbeitslosigkeit, aber auch, vor allem bei den jungen, im Exil geborenen Tibetern, mit den Problemen, die weltweit bei Jugendlichen verbreitet sind: Alkohol, Drogen, Entfremdung. Und es strömten immer noch Flüchtlinge aus Tibet nach Indien. Viele tibetische Eltern schicken bis heute ihre Kinder ins Exil, damit sie dort mit den Werten der tibetischen Kultur und Religion vertraut gemacht werden, was im chinesisch besetzten Tibet nicht möglich ist. Die Kinder werden in den SOS-Kinderdörfern untergebracht, junge Mönche in den indischen Klöstern ihrer Orden. Für die Klöster ist es oft schwierig, die zahlreichen Neuankömmlinge aufzunehmen, zu ernähren, unterzubringen und zu kleiden. Auch die SOS-Kinderdörfer waren bald am Rand ihrer Kapazität angelangt und so lag es wieder einmal an Organisationen wie der Deutschen Tibethilfe, Paten zu besorgen und durch Spendengelder die Not zu lindern.

Andererseits war der Traum vieler tibetischer Flüchtlinge, einst wieder in ein freies oder zumindest autonomes Tibet zurückzukehren, spätestens in den Achtzigerjahren ausgeträumt. Obwohl der Dalai Lama vor dem Menschenrechtsausschuss der Vereinten Nationen einen Fünf-Punkte-Friedensplan für Tibet vorlegte, der seine Strategie konsequenter Gewaltlosigkeit unterstrich, und er wenig später den Chinesen sogar weitreichende Zugeständnisse machte, indem er auf die Unabhängigkeit Tibets verzichtete und lediglich eine kulturelle und religiöse Autonomie forderte, sagten die Chinesen die für Anfang 1989 geplanten Verhandlungen mit den Exiltibetern ab und beschimpften den Dalai Lama als Separatisten und Vertreter eines grausamen Unterdrückungssystems. Auch in Kreisen der Exiltibeter gab es nicht nur Zustimmung für solche Zugeständnisse an die chinesischen Besatzer. Vor allem viele junge Tibeter würden lieber für die vollständige Freiheit ihres Heimatlandes kämpfen, das die meisten von ihnen allerdings nie mit eigenen Augen gesehen haben.

Auch in Tibet selbst wuchs der Unmut. Im März 1989 brach in Lhasa der größte Volksaufstand seit 1959 aus. Er wurde von den chinesischen Sicherheitskräften blutig niedergeschlagen. Etwa dreihundert Tibeter sollen im Kugelhagel der chinesischen Milizen umgekommen sein, Tausende verschwanden in Gefängnissen und Arbeitslagern. Für mehr als ein Jahr wurde über Tibet das Kriegsrecht verhängt. Ausländer durften Tibet nicht mehr bereisen. In diesem Jahr zeigte China der Welt wieder einmal sein wahres Gesicht einer menschenverachtenden

Diktatur, das hinter der Maske von wirtschaftlichem Fortschritt, Modernisierung und vermeintlicher Liberalisierung verborgen war. Im Oktober 1989 walzten chinesische Panzer auf dem Platz des Himmlischen Friedens in Peking die friedlich für mehr Demokratie demonstrierenden Studenten nieder. Über dreitausend Menschen verloren ihr Leben. Die chinesische Unrechtsjustiz verhängte hohe Haftstrafen und in den Gefängnissen und Arbeitslagern herrschten Folter, Vergewaltigung und Willkür vor. Im selben Jahr erreichte auch die internationale Anerkennung des Dalai Lama ihren Höhepunkt: Am 5. Oktober 1989 wurde ihm in Oslo der Friedensnobelpreis verliehen.

Doch die Unterdrückung Tibets setzte sich fort. Die Chinesen forcierten ihren Kurs kompromissloser Härte. Die Polizei- und Militärpräsenz wurde verstärkt, die gezielte Ansiedlung von Han-Chinesen in Tibet unvermindert fortgesetzt. Längst lebten in den tibetischen Städten mehr Chinesen als Tibeter und kontrollierten auch die Wirtschaft des Landes. Für die Tibeter wurde es immer schwieriger, in ihrem eigenen Land zu leben und zu überleben. Anfang der Neunzigerjahre begann die Zerstörung der historischen Altstadt Lhasas rund um das zentrale Heiligtum Tibets, den Jokhang-Tempel. Die alten tibetischen Häuser wurden abgerissen, neue Betonbauten »im tibetischen Stil« an ihrer Stelle errichtet, natürlich ausgerüstet mit Überwachungskameras, denn die Demonstrationen mutiger Tibeter gegen die chinesische Unterdrückung rissen trotz grausamer Strafen nicht ab. Selbst minderjährige Nonnen wurden in den chinesischen Gefängnissen gefoltert, nur weil sie gewagt hatten, öffentlich ihre Meinung zu äußern.

In den Klöstern wurden verstärkt Umerziehungsmaßnahmen vorgenommen. Mönche und Nonnen, die sich weigerten, Schmähschriften gegen den Dalai Lama zu verfassen, wurden aus ihren Klöstern verwiesen. Viele dieser Ausgestoßenen flohen nach Indien. Der Besitz von Bildern des Dalai Lama wurde bei Strafe verboten und vieles mehr. Diese Politik kompromissloser Härte wird von den Chinesen bis heute fortgesetzt. Die Chinesen versuchten auch, den Strom der Flüchtlinge aus Tibet zu unterbinden. Erst kürzlich wurde bekannt, dass Nepal, das Land, in das die Tibeter, die die gefährliche Flucht über die verschneiten Himalaya-Pässe wagen, als Erstes gelangen, damit begonnen hat, tibetische Flüchtlinge an China auszuliefern. Angeblich werden dafür von den Chinesen sogar Kopfprämien bezahlt. Kein Wunder also, dass die Tibeter im Exil sich lieber dauerhaft in der Fremde einrichteten, als auf eine Rückkehr in das »chinesische Tibet« zu hoffen.

Die Deutsche Tibethilfe hat sich übrigens nie politisch engagiert, sondern hat diese Aufgabe anderen Vereinen wie der Tibet-Initiative Deutschland oder der International Campaign for Tibet überlassen, die durch Lobbyarbeit, Demonstrationen und Öffentlichkeitsarbeit auf die Menschenrechtssituation in Tibet hinweisen. Ich habe meine Arbeit und die der Deutschen Tibethilfe immer strikt auf den karitativen Bereich beschränkt, auf die direkte Hilfe für Tibeter in Not.

Kapitel 6

Beständiger Wandel

Die Jahre nach
der Jahrtausendwende

»Gib niemals auf«

Diesem sechsten und letzten Kapitel meines Buches möchte ich einen Ausspruch des Dalai Lama voranstellen, der für mein eigenes Leben und auch für die Arbeit der Deutschen Tibethilfe stets Motto und Leitmotiv war:

> »Gib niemals auf, egal was passiert.
> Gib niemals auf, entwickle dein Herz.
> Zu viele Dinge in deinem Land entwickeln den Verstand anstelle des Herzens.
> Habe Mitgefühl, nicht nur mit deinen Freunden, sondern mit jedem Wesen.
> Habe Mitgefühl und arbeite für den Frieden.
> Und ich sage noch einmal: Gib niemals auf.
> Egal was passiert, gib nicht auf.«

Mehr als dreißig Jahre habe ich mich mit ganzer Kraft für die Tibeter engagiert und das »Gib niemals auf« des Dalai Lama hat mir in diesen Jahren über viele schwierige Phasen hinweggeholfen. Gleichzeitig konnte ich auch die Früchte der Arbeit der Tibethilfe mitverfolgen. Viele Jahrgänge »unserer« Schulkinder in den tibetischen Schulen in ganz Indien sah ich heranwachsen und ich freute mich daran, dass die Unterstützung unserer Paten diesen jungen Menschen einen guten Start in ein selbstbestimmtes Leben ermöglicht hat. Viele alte Tibeter konnten dank unserer Paten einen würdevollen Lebensabend verbringen und viele Studenten konnten ihren Universitätsabschluss machen und in eine erfolgreiche Berufskarriere starten. Aber es gab auch bittere Erfahrungen, etwa wenn durch starke Monsunregen verursachte Erdrutsche frisch gebaute und dringend benötigte Gebäude in tibetischen Siedlungen zerstörten. Das war beispielsweise beim Kloster meines alten Freundes Thuksey Rinpoche der Fall gewesen. Wir hatten Geld geschickt für den Bau einer Schule, in der vor allem Nichtmönche unterrichtet werden sollten, tibetische Kinder aus den Ansiedlungen in der Nähe des Klosters. Doch dann ging noch während der Bauarbeiten ein furchtbares Unwetter nieder, das alle halbfertigen Bauten vernichtete. Zu allem Unglück war auch Thuksey Rinpoche gerade verstorben. Die Tibeter waren völlig verzweifelt, als ich sie besuchte. Achtzigtausend Mark waren nötig, um alles wieder aufzubauen und zu vollenden. Ich konnte nichts versprechen, denn ich wusste, dass unsere Kasse für Sonderprojekte gerade ziemlich leer war, aber als ich nach Deutschland zurückkam, fand ich einen Scheck über fünfzigtausend Mark vor, den eine großzügige Tibetfreundin als einmalige und nicht an ein bestimmtes Projekt gebundene Spende geschickt hatte. Außerdem kamen in der Vorweihnachtszeit wie üblich viele freie Spenden herein, sodass wir die Schule doch wieder aufbauen konnten.

Dank des unermüdlichen Einsatzes all der ehrenamtlichen Helfer lief in Deutschland die Arbeit der Tibethilfe reibungslos. Mitte der Neunzigerjahre stieß Manfred als fester, bezahlter Mitarbeiter zu uns. Anders waren die mehreren Tausend Patenschaften, die sich mittlerweile angesammelt hatten, nicht mehr zu bewältigen. Manfred führte das Computerzeitalter bei der Tibethilfe ein, wobei die Verwaltung der Patenkartei noch viele Jahre auf manuelle Art mit Karteikarten erfolgte. Der Computer unterstützte uns vor allem bei der Kommunikation, was gerade auch den Nachrichtenaustausch mit Indien sehr erleichterte. Die andere Büroarbeit wurde weiterhin wie bisher »per Hand« erledigt.

Ganz wichtig für das gute Gelingen der Arbeit war unser »Betriebsklima«. Wir mochten uns alle auch persönlich sehr gerne. Nur ganz selten kam es zu Reibereien, die sich dann auch rasch wieder lösten. In vielen Vereinen wird bekanntlich über Machtkämpfe und Hickhack zwischen Mitarbeitern geklagt, bei uns war das nicht der Fall. Zentraler Teil unseres Arbeitstages auf engstem Raum in meiner kleinen Wohnung war der gemeinsame Mittagstisch. Da blieb bei einem leckeren, selbst gekochten Essen genug Zeit, um zu plaudern, von Reisen zu berichten, Ideen zu entwickeln und anstehende Aktionen zu besprechen. Gearbeitet wurde von früh bis oftmals spätabends, manchmal in drei Schichten. Wie bereits berichtet, mangelte es nie an Menschen, die freiwillig helfen und mitarbeiten wollten. Zeitweise mussten Helfer, die bei uns anfragten, sogar auf eine Warteliste gesetzt werden, bevor sie zum Einsatz kamen.

Abgesehen von meinen Reisen nach Indien und gelegentlichen Vortragsreisen in Deutschland war ich stets anwesend und jederzeit ansprechbar, auch für Mitglieder und Paten, die bei uns anriefen. Und die letzte Arbeit eines jeden Tages war stets, mein Bett von Akten und Papier frei zu räumen, damit ich mich zur Nachtruhe begeben konnte, denn tagsüber wurden alle verfügbaren Flächen der Wohnung, inklusive Bett, Couch, Fußboden und Bügelbrett, als Arbeits- und Ablagestellen genutzt.

Im Laufe der Jahre waren verschiedene Ideen geboren und in die Tat umgesetzt worden, um das Budget der Tibethilfe aufzustocken und freie Gelder für die diversen Sonderprojekte in Indien einzubringen. Viele davon waren sehr erfolgreich. Dolores Schwalbe aus Schwäbisch-Gmünd beispielsweise hatte einen Dauerflohmarkt ins Leben gerufen. Die Mitglieder und Paten der Tibethilfe wurden im Rundbrief aufgerufen, Keramik, Nippes, Puppen, Modeschmuck, CDs und Ähnliches zu spenden. Der Erlös des Flohmarkts floss in die Hilfsprojekte. Insgesamt kamen bisher etwa einhundertzehntausend Euro zusammen. Auch der Verkauf von Thangkas (das sind die traditionellen tibetischen Rollbilder), die von hoch qualifizierten tibetischen Thangka-Malern in Indien angefertigt wurden, brachte regelmäßig Geld in die Kassen, ebenso tibetisches Kunsthandwerk. Taschen, Börsen, Rucksäcke, Tibetschürzen, gewebte Bänder, Butterlampen, Klangschalen, geschnitzte Holztischchen und vieles mehr war in unserer Mustermappe versammelt und wurde bei meinen Vorträgen und anderen Veranstaltungen der Tibethilfe angeboten oder konnte bei uns bestellt werden. Besonders beliebt waren die Tibet-Teppiche, die im Kloster von Rigo Tulku nach traditionellen Mustern oder nach Wunschdesigns der Käufer in bester Qualität geknüpft wurden. In meinem Wohnbüro stapelte sich stets ein Vorrat von Musterteppichen, von kleinen, nur vierzig mal vierzig Zentimeter großen bis hin zu wohnzimmerfüllenden von bis zu fast fünf Metern. Diese Teppiche waren nicht nur von erstklassiger Qualität, sondern strahlten wirklich etwas aus. Ich habe in Indien selbst zugesehen, wie die Tibeterinnen, die sie im Handwerkszentrum des Klosters knüpften, bei ihrer Arbeit fröhlich sangen. Die Knüpferinnen wurden vom Kloster bezahlt, denn tibetische Mönche würden nicht im Traum daran denken, selbst Teppiche zu fertigen. Die Verwaltung des Klosters kümmerte sich aber um die Rechnungen und den Versand. Ausgeliefert wurde stets direkt an die Besteller in Deutschland. Und für die war es etwas ganz Besonderes, die liebevoll per Hand eingenähten und mit Wachssiegeln verschlossenen Pakete beim Zollamt in Empfang zu nehmen. Allein diese »typisch indische« Verpackung war ein Erlebnis für sich.

Doch die »Konkurrenz« schlief nicht. Bald waren »Tibetteppiche«, die in minderer Qualität in Manufakturen in Nepal hergestellt wurden, billig in Möbelmärkten und Kaufhäusern zu haben, was unserem florierenden Teppichgeschäft zugunsten der tibetischen Flüchtlinge allmählich ein Ende bereitete. Das Handwerkszentrum im Kloster von Rigo Tulku stieg auf andere Produkte um. Beim Kirchentag in München Anfang der Neunzigerjahre, bei dem der Dalai Lama als Gast auftrat, konnten wir an unserem Stand jede Menge tibetische Rucksäcke aus Rigo Tulkus Kloster verkaufen. Auch Statuen und Tibet-Bücher gehörten zu unserem Angebot, von dem die Freunde und Mitglieder der Tibethilfe regen Gebrauch machten. So konnten wir die Hilfsgelder für unsere Projekte aufstocken, denn ob Rucksack oder Teppich – der volle Verkaufserlös nach Abzug aller Ausgaben, Steuern und Zoll floss der Tibethilfe zu. Wie vorhin erwähnt, kamen auch immer wieder größere Sonderspenden herein, mit denen wir bestimmte Spezialprojekte unterstützen konnten. Eine besonders rührende Aktion ging vom Gymnasium in Dorfen (einer Ortschaft in der Nähe von München) aus. Jede Klasse übernahm eine Patenschaft für ein tibetisches Schulkind. Jeder Schüler zahlte im Monat eine Mark und so kamen pro Klasse monatlich fünfundzwanzig bis dreißig Mark zusammen, was für die Versorgung des tibetischen Patenkindes ausreichte. Viele dieser Schüler haben später dann eigene Patenschaften angenommen.

Und Jahr für Jahr fuhr ich nach Indien. Jedes Mal wieder gab es auch dort Überraschungen und Hindernisse. Immer wieder musste ich auch den Dalai Lama, der mich am Ende jeder Reise in seiner Residenz in Dharamsala empfing, auf manche Missstände in den tibetischen Siedlungen hinweisen – und nicht selten später selbst für die Beseitigung solcher Missstände sorgen. Etwa im Fall der Welfare Officers, die von der zentralen tibetischen Verwaltung in allen Siedlungen neu eingesetzt worden waren. Sie hatten sich vor allem um akute Not- und Sonderfälle zu kümmern. Ich war sehr angetan von dieser Maßnahme, wies den Dalai Lama aber darauf hin, dass diese Welfare Officers neben ihrem eigenen bescheidenen Gehalt über keinerlei Budget verfügten. Ich sagte: »Was sollen die denn tun, wenn einer aus der Siedlung kommt und sagt, er müsse zum Röntgen in die nächste größere Stadt fahren, habe aber kein Geld für den Bus und für die Röntgenaufnahme schon gar nicht? Von ihrem kleinen Gehalt können die Welfare Officers das nicht auch noch bezahlen.« Der Dalai Lama nickte und wies seinen Sekretär an, sich das zu notieren: »Geld für Welfare Officers.« Als ich im nächsten Jahr wieder die tibetischen Siedlungen besuchte, stellte ich fest, dass den

Welfare Officers noch immer kein Budget zur Verfügung stand. Ich berichtete dem Dalai Lama: »Es ist wirklich eine wunderbare Sache, Welfare Officers einzusetzen, aber sie haben immer noch kein Geld.« Als sich im dritten Jahr noch immer nichts verändert hatte, hielt ich es für das Beste, dass die Tibethilfe einspringt und diesen Beamten einen Not-Fond zur Verfügung stellt, und das taten wir dann auch. Manchmal sagte der Dalai Lama zu mir, ich würde seine Siedlungen besser kennen als seine Minister und Beamten, und man kann sich vorstellen, dass mir das bei eben diesen Ministern und Beamten nicht immer Freunde gemacht hat. Anfangs dachten sie noch, sie bräuchten mir nur ein wenig zuzuzwinkern, um mich davon abzuhalten, dem Dalai Lama reinen Wein einzuschenken, aber absolute Ehrlichkeit war mein ganzes Leben lang eine meiner herausragenden Tugenden gewesen, auch wenn dies mitunter – auch für mich – sehr unbequem war. Wenn ich aber merkte, dass den Dalai Lama andere Sorgen plagten, ließ ich es lieber sein, ihn auch noch mit Problemen aus den Siedlungen zu belasten. Der Dalai Lama wusste sehr wohl selbst, dass in den Siedlungen nicht immer alles rund lief und dass auf manche seiner Leute nicht sonderlich Verlass war. In einer Rede anlässlich der Verleihung eines Preises an mich sagte er in aller Öffentlichkeit: »Es gibt einzelne Mitarbeiter, die reden viel und greifen nicht an. Andere Funktionäre schlafen, von denen sieht und hört und erfährt man gar nichts, nur leere Stühle. Und dann gibt es Funktionäre oder Beamte, die an den jeweiligen Orten wirklich Verantwortung übernehmen und sich wirklich einsetzen für die Tibeter dort.«

Hin und wieder kam es auch zu drolligen Erlebnissen.

So etwa in Mainpat, wo wir das Heim für die alten Tibeter hergerichtet hatten. Der Dorfleiter erzählte mir,
ein alter Mann würde seine Frau schlagen. Also habe ich
mit einem Übersetzer den Alten besucht und ihm einge-
schärft: »Wehe, wenn du noch einmal deine Frau
schlägst. Dann geht das Patengeld für euch beide nur
mehr an deine Frau.«

Bei meinem nächsten Besuch in Mainpat vier Jahre
später wohnte er im Altenheim mit seiner Frau. Ich fragte den Dorfleiter: »Und? Schlägt er seine Frau noch?« –
»Nein, jetzt nicht mehr«, kam die Antwort. »Er hat seine Frau geschlagen, weil sie so viel redete, jetzt aber ist
er taub und hört sie nicht mehr. Folglich muss er sie auch
nicht mehr schlagen.«

Heilung auf Tibetisch

Persönlich machte ich auch so manche im wahrsten Sinne des Wortes einschneidende Erfahrung. Zum Beispiel
mit gewissen rigorosen Praktiken der tibetischen Medizin. In Dharamsala gibt es bekanntlich den Men Tsee
Khang, das Zentrum für die Ausbildung der traditionellen tibetischen Ärzte. Die tibetische Heilkunst hat sich
im Tibet des 7. bis 12. Jahrhunderts entwickelt. Sie ver-
einigt Elemente der indisch-ayurvedischen, der chinesischen und der persischen Medizin. Die tibetische Medizin baut auf der Einsicht auf, dass der menschliche
Körper samt seiner verschiedenen inneren Vorgänge ein
mikroskopisches Abbild des Kosmos ist und von densel-
ben stofflichen und nichtstofflichen Kräften belebt und
durchdrungen wird. Krankheit entsteht durch eine Stö-

rung dieses fragilen inneren Gleichgewichts der geistigen und energetischen Kräfte, Heilung bedeutet die Wiederherstellung dieser Balance. Ein äußerst differenziertes Fühlen des Pulses, Untersuchung von Zunge und Urin und ausführliche Befragung des Patienten machen die Diagnose aus, Therapiemethoden schließen Ratschläge zu Ernährung und Lebensweise, Aderlass, Kauterisieren (Gewebezerstörung durch Ausbrennen) und Moxibustion (das Abbrennen von Beifuß auf bestimmten Akupunkturpunkten) ein. Von ganz besonderer Bedeutung ist die Behandlung mit den aus Pflanzen, Mineralien, Metallen und tierischen Substanzen gewonnenen Heilmitteln. Jeder tibetische Arzt muss in der Lage sein, diese Heilmittel, die meist als Pulver oder in Pillenform verabreicht werden, selbst herzustellen, erhält also auch eine Ausbildung als Pharmakologe. Im Men Tsee Khang in Dharamsala wird aber auch großer Wert auf die Vermittlung westlichen medizinischen Wissens gelegt, während umgekehrt in den Industrienationen die tibetische Medizin dank des wachsenden Interesses an alternativen Heilmethoden zunehmend an Gewicht gewinnt.

Die Tibethilfe pflegte stets guten Kontakt zum Men Tsee Khang und unterstützte im Rahmen ihres Programms für Studenten auch junge Tibeter, die sich dort zu tibetischen Ärzten ausbilden ließen. Bei einem Besuch des Dalai Lama in der Schweiz lernte ich einen der berühmtesten tibetischen Ärzte unserer Zeit kennen, Dr. Tenzin Choedrak, der vor der chinesischen Invasion Leibarzt des Dalai Lama gewesen war. Dr. Choedrak war in die Hände der Chinesen gefallen und hatte zweiundzwanzig Jahre in chinesischen Gefängnissen und Arbeitslagern verbracht, wo er schwer gefoltert worden war, weil er sich standhaft geweigert hatte, den Dalai Lama zu verleumden. Erst 1980 wurde er entlassen und es gelang ihm, nach Indien zu fliehen. Die Autobiografie von Dr. Choedrak, »Der Palast des Regenbogens«, ist übrigens eine sehr empfehlenswerte Lektüre für alle Tibet-Interessierten. Dr. Choedrak führte die klassische Pulsdiagnose bei mir durch, weil ich zu der Zeit an Schmerzen im Bein litt. Ich erzählte ihm, dass mich beim Treppensteigen stets das linke Bein schmerze, und fragte, ob man da etwas tun könne. Er bejahte. »Da machen wir Burnings«, sagte er, »aber nicht hier in der Schweiz. Kommen Sie zu mir, wenn Sie wieder in Indien sind.«

Tatsächlich traf ich Dr. Choedrak bei meiner nächsten Indienreise zufällig bei einem Inlandsflug und er bestellte mich für den nächsten Tag um 8 Uhr morgens ins Medical Center von Delhi. Zwei tibetische Ärzte empfingen mich mit nicht gerade vertrauenerweckendem Grinsen. Dr. Choedrak fragte mich, ob ich wirklich Burnings haben wolle. Da ich keine Ahnung hatte, was das war, erwiderte ich: »Wenn Sie sagen, dass mir das hilft, dann mache ich es.« Ich musste mich ausziehen und auf den Untersuchungstisch legen. Die beiden anderen Ärzte hielten mich fest. Dann kam Dr. Choedrak mit einem Instrument, das aussah wie eine Art Lötkolben. Die metallene Spitze war rotglühend. Er begann am Kopf, dann ging es über die Schultern und den Rücken bis zum Hinterteil. Insgesamt fünfzehn Mal brannte er mir den glühenden Metallstab ins Fleisch. Eine Erinnerung an meine Kindheit überkam mich: Es roch wie in Ostpreußen, wenn die Pferde ihre Brandzeichen bekamen. Und es tat entsetzlich weh. Hätten die beiden Ärzte mich nicht in eisernem Griff gehalten, ich wäre nackt auf die Straße gerannt.

Interessanterweise blieben später keine Spuren zurück. Und die Behandlung hat tatsächlich angeschlagen. Nur zu welchem Preis – der Schmerz war schier unerträglich. Als ich später einmal dem Dalai Lama davon berichtete, hat er nur schallend gelacht und seitdem zieht er mich damit auf. Er hat meine Burnings nie vergessen. »Das nächste Mal kriegst du zwanzig Burnings«, flüsterte er mir einmal kichernd zu, als ich viele Jahre später in Amsterdam im Spalier der Menschen stand, die gekommen waren, um ihn zu begrüßen. Andere Tibeter, die davon gehört hatten, konnten kaum glauben, dass ich fünfzehn Burnings ertragen hatte. Die meisten Patienten brechen diese Behandlung nach zwei oder drei Burnings ab.

Von Krankheiten blieb ich auf meinen Indienreisen übrigens weitgehend verschont, obwohl ich immer in einfachsten Verhältnissen zusammen mit den Einheimischen lebte. Ich nahm so persönlichen Anteil an vielen Familienschicksalen und es entwickelte sich manche langjährige Freundschaft. Etwa mit Tsewang Dolma und Sonam, die ich seit nunmehr dreißig Jahren kenne. Beide arbeiteten für die tibetische Zentralverwaltung und wurden nach Delhi versetzt. Ihre Kinder konnten sie nicht mitnehmen, da es in Delhi keine tibetische Schule gab. Also gaben sie ihre Kinder ins SOS-Kinderdorf von Dharamsala. Doch auch die Eheleute wurden auseinandergerissen. Die nicht sonderlich kluge Politik der Zentralverwaltung, ihre Repräsentanten in den Siedlungen ständig zu versetzen, traf auch diese Familie. Tsewang Dolma wurde von Delhi nach Sataun versetzt, in eine winzige Siedlung, wo nur noch einige wenige alte Menschen und eine Handvoll Kinder lebten, weil die Männer und Frauen zum Arbeiten weggezogen waren. Dort wurde sie Welfare Officer, hatte jedoch so gut wie nichts zu tun. Ihr Mann Sonam hingegen wurde in ein Camp außerhalb von Delhi versetzt, das ich persönlich immer nur als Chang-Camp bezeichnete, weil es dort stets nach Chang (tibetisches Gerstenbier) stank. Auch Inder aus der Umgebung besuchten dieses Camp gerne, um sich dort für billiges Geld zu betrinken. Es war außerdem die Zeit, in der die tibetische Exilgemeinschaft aufgrund verschiedener Differenzen gespalten und teilweise intern verfeindet war, und Sonam hatte eine sehr schwierige Zeit in seinem Chang-Camp. Er hätte die Hilfe seiner Frau bitter nötig gehabt, doch die saß völlig unterfordert in Sataun. Es war ein typischer Fall dieses nicht durchdachten Hin- und Herversetzens der Repräsentanten, von dem ich in einem anderen Kapitel schon berichtet habe. Heute lebt die Familie wieder zusammen in Dharamsala und aus den Kindern, die alle von uns mit Patenschaften unterstützt worden waren, sind tüchtige Leute geworden. Der Älteste wurde Arzt und absolviert gerade in den USA eine Spezialausbildung, der zweite Sohn studierte Zoologie, schreibt gerade seine Dissertation und arbeitet an der Universität. Die beiden Kleinsten befinden sich noch im Grundstudium.

Auch von meiner eigenen Familie gab es Neuigkeiten. Mein erster Sohn Winhard, der in der damaligen DDR lebte, nahm unerwartet mit mir Kontakt auf. Eines Tages kam aus heiterem Himmel eine Postkarte mit seiner Adresse und den Zeilen: »Liebe Mama, viele Grüße, Dein Sohn Winhard«. Meine Adresse in München hatte er von einem ehemaligen Lehrmädchen aus der Drogerie meines Mannes in Ostpreußen bekommen. Mit einigen dieser Lehrmädchen war ich über all die Jahre in

Kontakt geblieben und sie berichteten mir so manches über meine Kinder, mit denen ich seit so vielen Jahren keine persönliche Verbindung mehr gehabt hatte. Es fiel mir nicht leicht, Winhard zurückzuschreiben, denn ich wusste nicht, wie er es aufnehmen würde, dass ich, ohne zu heiraten, noch zwei Söhne bekommen hatte. Als Winhard mir antwortete: »Herzliche Grüße an meine Brüder Hans und Martin«, fiel mir ein Stein vom Herzen. Meine Tochter Irmtraut, die ich in jener eisigen Silvesternacht 1944 zuletzt gesehen hatte, war 1973 im Alter von nur fünfunddreißig Jahren an Krebs gestorben. Aber sie war verheiratet gewesen und hatte zwei Kinder hinterlassen, meine Enkelkinder, die ich noch nie gesehen hatte. Denen nun wurde eines Tages, als sie schon erwachsen waren, gesagt: »Wisst ihr eigentlich, dass ihr noch eine Oma in München habt?« Sie hatten davon wohl schon gehört, verlangten nun aber meine Adresse und schrieben mir.

Als der Dalai Lama 1989 in Berlin war, nutzte ich die Gelegenheit der durch den Mauerfall gelockerten Grenzen zwischen West- und Ostdeutschland zu einem Besuch. Bis heute habe ich mit ihnen und ihren Kindern – meinen Urenkeln – den allerbesten Kontakt. Nach all den turbulenten Jahren und Jahrzehnten sind wir wieder eine richtige Familie. Und aus den Grüßen, die Winhard an seine Halbbrüder sandte, entwickelte sich ebenfalls ein herzliches Verhältnis, als sie sich schließlich persönlich kennenlernten. Trotz der vielen Arbeit in der Tibethilfe habe ich versucht, die ganze Familie wenigstens ein- oder zweimal im Jahr zu sehen, was mir stets auch gelungen ist.

Doch zurück zu meinen anderen »Kindern«, den Tibetern. In der zentralen exiltibetischen Verwaltung kam es zu tief greifenden Veränderungen. Der Dalai Lama zog sich aus allen weltlichen und politischen Verantwortungen zurück. Meine Besuche bei ihm waren fortan nur mehr persönlicher Natur, denn mit den Projekten in den Siedlungen hatte er direkt nichts mehr zu tun. Die lagen fortan beim exiltibetischen Parlament und bei den entsprechenden Ministern und Funktionären. Nun begannen Probleme, die mir in den letzten Jahren meiner Arbeit für die Tibethilfe einigen Kummer bereitet haben. Es begann mit mangelnder Kommunikationsbereitschaft der zuständigen Stellen in Dharamsala und endete mit der Anweisung, die Hilfsgelder, die über viele Jahre direkt von uns an die Siedlungen gegeben worden waren, nun zentral nach Dharamsala zu überweisen, von wo aus sie weiterverteilt werden sollten. Auch die Entscheidung über Sonderprojekte in den Siedlungen behielt sich nun die zentrale Verwaltung vor. Bald bekamen wir Briefe von unseren Freunden aus den Siedlungen: »Bitte schickt das Geld doch wieder direkt, denn das Weitergeben funktioniert nicht.« Zudem behielt Dharamsala eine Verwaltungsgebühr von fünf Prozent ein. Wir hatten plötzlich keinen Einfluss mehr auf die Verwendung unserer Spendengelder. Stets hatten wir den direkten Kontakt gepflegt, hatten immer gewusst, wo in den einzelnen Siedlungen der Schuh drückt und welche Projekte Unterstützung verdienten. Nun lag das alles in Händen der zentralen Verwaltung in Dharamsala. Zumindest alles, was die Siedlungen anbelangte, denn die Klöster ließen sich nicht auf die neue Regelung ein. Hier ging es weiter wie bisher.

Doch nicht nur diese unerfreuliche Entwicklung ließ mich ernsthaft über meine Zukunft in der Tibethilfe nachdenken. 2004, im Alter von fünfundachtzig Jahren, unternahm ich meine letzte Reise nach Indien und nun spürte ich die Beschwernisse einer solchen Tour doch sehr deutlich. Die Höhen von über dreitausendfünfhundert Metern in Ladakh waren kaum mehr erträglich, ebenso die Hitze und der Staub Indiens. In diesem Alter spielt die Gesundheit eben nicht mehr so mit, wie man das gerne hätte, zumal ich 1997 eine Herzoperation hinter mich gebracht hatte. Mein Arzt schlug nur die Hände über dem Kopf zusammen, als er von meiner Reise hörte. Ich möchte jetzt auf keinen Fall in die schlechte Gewohnheit vieler alter Menschen verfallen, sich ausführlich über ihre Krankheiten zu verbreiten, aber nur so viel: Das Reisen über Tausende von Kilometern in schlecht gefederten Jeeps und öffentlichen Verkehrsmitteln durch das indische Hinterland ist ab einem gewissen Alter nicht mehr unbedingt die beste Idee, außer man will ganz deutlich seine Grenzen aufgezeigt bekommen. Wie man den Tibethilfe-Rundbriefen der letzten Jahre entnehmen kann, nahmen nun andere Mitarbeiter der Tibethilfe die Strapazen der Indienreisen auf sich und berichteten von unseren diversen Projekten.

Alles ist im Fluss

In den Jahren nach der Jahrtausendwende wurde ich ganz persönlich und sehr direkt mit einer Tatsache konfrontiert, die nicht nur im Buddhismus als eine der Grundwahrheiten des Lebens gilt: Alles ist im Fluss. Alles ist vergänglich. Ich begann auch die Inhalte unserer Arbeit kritisch zu betrachten. Vieles hatte sich in den

Siedlungen und Klöstern verändert. Viele ehemals bettel-arme tibetische Flüchtlinge lebten nun in gesicherten Verhältnissen und manche hatten es gar zu Wohlstand und Reichtum gebracht. Viele Jahre gezielter Hilfe aus aller Welt hatten Früchte getragen – es gab Schulen, Krankenhäuser, Altenheime und vieles mehr für die Tibeter. Zwar gab es immer noch bedürftige Tibeter, vor allem alte Menschen oder Bewohner in sehr abgelegenen Siedlungen, doch allgemein war der Lebensstandard der Flüchtlinge erfreulich gestiegen.

In einer Rede im März 2005 mahnte der Dalai Lama seine Landsleute zu mehr Eigenverantwortung und er forderte die wohlhabend gewordenen Tibeter auf, nun selbst ihren ärmeren Landsleuten unter die Arme zu grei-fen. Die Tibeter sollten selbst aktiv werden und nicht nur auf Hilfe aus dem Ausland warten. Viele Tibeter taten das auch. Zum Beispiel Tsering Dolma, eine gelähmte Tibeterin, die trotz ihrer schweren Behinderung Nach-hilfeunterricht für die Kinder einer Siedlung gab. Sie sprach fließend Deutsch, obwohl sie selbst nie Deutsch-unterricht genossen hatte. Sie hat es sich selbst mithilfe von Büchern und Hörkassetten beigebracht. Sie konnte nur mehr starr und reglos dasitzen und selbst den Kopf kaum mehr bewegen. Man baute ihr neben ihrer Hütte einen Sitz mit einem Dach gegen Sonne und Regen. Dort saß sie, stets umringt von zwanzig bis achtzig Kindern, die Nachhilfeunterricht von ihr bekamen. Ihr Beispiel hat Schule gemacht – auch in anderen Siedlungen fanden sich bald Freiwillige, die sich um die Schulkinder oder die Alten und Kranken kümmerten.

Die Tibethilfe München reagierte ab 2008 auf all diese Entwicklungen und Veränderungen mit dem Entschluss, nur mehr beschränkt neue Patenschaften zu vermitteln. Neue Patenschaften wurden vom Tibethilfe-Büro in Hamburg bearbeitet, das von Frau Heide Meyer, der Zweiten Vorsitzenden der Tibethilfe, geleitet wurde. Das Vermitteln von Patenschaften für Mönche hatten wir schon einige Jahre vorher ganz eingestellt, da die meisten Klöster, wie schon erwähnt, mittlerweile zu Reichtum gekommen waren und auf die Spenden wohlhabender Buddhisten aus Asien zurückgreifen konnten. Dafür betraten wir an anderer Stelle völliges Neuland. Wir begannen mit der Unterstützung von Projekten direkt in Tibet. Die Tibethilfe Hamburg begann mit einem Schulprojekt im osttibetischen Rongbatsa. Zwei Waisenhäuser in den alten osttibetischen Provinzen Kham und Amdo wurden vom TADRA-Verein von Dr. Palden Tawo betreut. Auch dafür gaben wir Geld. Das bedeutete völlig neue Herausforderungen für uns, denn im chinesisch besetzten Tibet ließen sich solche Projekte nicht mit der gleichen Leichtigkeit durchführen und überprüfen wie im freien Indien. Dr. Palden Tawo war selbst Waise und war als Kind als einer der ersten Tibeter nach Deutschland gekommen, wo er im Pestalozzi-Kinderdorf Wahlwies von der Vorgängerorganisation der Tibethilfe unterstützt worden war. Er hatte in Deutschland Medizin studiert und war schließlich zu der Überzeugung gekommen, er müsse unbedingt etwas für seine Landsleute tun. Er ging nach Tibet und begann mit den Waisenhausprojekten. Wir gaben Geld unter anderem für die Schulen in diesen Waisenhäusern. Den Kindern dort sollte ermöglicht werden, später auf eine höhere chinesische Schule überzutreten und eventuell auch zu studieren. Da zu diesem Zweck in diesen Schulen auch die chinesische Sprache unterrichtet wurde, gab es vonseiten der Exiltibeter in Indien kritische Stimmen, die uns vorwarfen, wir würden die Chinesen dabei unterstützen, aus tibetischen Kindern chinesische zu machen. Das war natürlich Unsinn, denn auch der Dalai Lama wies immer wieder darauf hin, wie wichtig es sei, dass die Tibeter in Tibet eine gute Ausbildung bekämen, um in ihrem eigenen Land bessere Überlebenschancen zu haben.

Der Strom der Flüchtlinge, vor allem Kinder und Jugendliche, die unter Lebensgefahr über die Himalaya-pässe aus Tibet nach Nepal und Indien kommen, riss zwar bis heute nicht ab, aber diese Fluchtbewegung ist keinesfalls eine tragfähige nachhaltige Lösung des Tibet-Problems. Besser ist es, wenn die Tibeter in Tibet bleiben und dort zum Erhalt ihrer Kultur und Religion beitragen und sich zugleich eine gute Position innerhalb des von den Chinesen bestimmten Gesellschafts- und Wirtschaftssystems erarbeiten. Das beginnt mit einer soliden Schuldbildung und eben dazu tragen wir bis heute mit unseren Spendengeldern bei. In einer Ansprache im Jahr 2006 ging der Dalai Lama auf dieses Thema ein und betonte den Wert von Bildung: »Mein Appell an die Tibeter in Tibet: Es ist besser, eure Kinder auf eine chinesische Schule zu schicken als auf gar keine Schule.« Bei den Hilfsprojekten der Tibethilfe in Tibet, die natürlich von den chinesischen Behörden überwacht werden, kommt es uns sehr zugute, dass die Tibethilfe in all den Jahren nie politisch aktiv geworden war, sondern ausschließlich karitativ gearbeitet hatte.

In der Zeit, in der ich Rückschau hielt und die Arbeit der Tibethilfe überdachte, erinnerte ich mich auch an viele Menschen, die mich auf meinem Weg unterstützt hatten und meinem Herzen nahestanden. Viele von ihnen waren schon tot, so etwa Dr. Hermann Gmeiner, der Begründer der SOS-Kinderdörfer, oder Schwester Ursula Eichstädt. Auch Rinchen Dolma Taring war im Jahr 2000 im Alter von zweiundneunzig Jahren gestorben. Sie stammte aus einem berühmten tibetischen Adelsgeschlecht und hat die ganze Zeit im Exil tatkräftig für ihre notleidenden Landsleute gearbeitet. Bei uns wurde sie bekannt durch ihre sehr lesenswerte Autobiografie »Ich bin eine Tochter Tibets«, in der sie detailreich über das Leben im alten Tibet und die Flucht ihrer Familie vor den Chinesen berichtet. »Ich arbeite so lange, bis ich sterbe«, pflegte sie mir zu sagen und in der Tat hat sie bis kurz vor ihrem Tod ein tibetisches Altenheim betreut. Ich habe viele Jahre bestens mit ihr zusammengearbeitet. Ebenso fruchtbar und konstruktiv verlief die Zusammenarbeit mit Jetsun Pema, der jüngeren Schwester des Dalai Lama, die die SOS-Kinderdörfer von Dharamsala betreute. Sie hatte sämtliche politischen Ämter in der tibetischen Exilregierung abgegeben, um sich mit ganzer Kraft »ihren« Kindern widmen zu können. In Ladakh war die Rani von Stok über viele Jahre meine hoch geschätzte Ansprechpartnerin und Beraterin. So mancher Brief von ihr ist in meinem persönlichen Archiv bewahrt. Auch Thuksey Rinpoche gehört zu den Menschen, die mir in diesem Leben unendlich viel bedeuten. Bei meiner allerersten Indienreise hatte ich ihn fast zufällig kennengelernt und ihn später immer wieder in seinem Kloster in Darjeeling besucht. Wir unterhielten in seinem Kloster ungefähr hundert Patenschaften und bauten dort eine Schule, in der vor allem Nichtmönche unterrichtet wurden, sowie eine Krankenstation. Im Gegensatz zu manchen anderen Äbten und Rinpoches, die sich wenig um soziale Belange kümmern, war die Einstellung von Thuksey Rinpoche in dieser Beziehung vorbildlich. In dem kleinen Krankenhaus, das wir finanzierten, wurden auch Inder aus der Umgebung behandelt. Thuksey Rinpoche starb 1983, doch bald darauf wurde seine Wiedergeburt gefunden und als neuer Thuksey Rinpoche inthronisiert. Auch mit der neuen Inkarnation hielt ich guten Kontakt. An der Wand meines Wohnzimmers hängen mehrere Kinderzeichnungen, die der kleine Rinpoche mir hat schicken lassen.

All diese Menschen und noch viele mehr, die ich aus Platzgründen hier nicht nennen kann, haben mir für meinen Weg Kraft und tätige Unterstützung gegeben und ich bewahre sie alle in dankbarer Erinnerung.

Erntedank

Die erfolgreiche Arbeit der Tibethilfe blieb nicht ohne öffentlichen Widerhall. Schon 1986 erhielt ich, im Alter von siebenundsechzig Jahren, das Bundesverdienstkreuz am Bande. Ich nahm es an stellvertretend für alle Mitarbeiter der Deutschen Tibethilfe, die sich tatkräftig und ehrenamtlich bis heute für die Tibeter im Exil engagieren. 2005 erhielt auch eine langjährige ehrenamtliche Mitarbeiterin der Tibethilfe den Verdienstorden der Bundesrepublik Deutschland. Irmgard Lühr war zwanzig Jahre lang für die Buchhaltung der Tibethilfe in München zuständig. Trotz einer schweren körperlichen Behinderung nahm Irmgard viermal wöchentlich auf ihren Krücken jeweils anderthalb Stunden Hin- und

Rückfahrt mit öffentlichen Verkehrsmitteln in Kauf, um ihre Aufgabe für die Tibethilfe zu erfüllen. Irmgard war darüber hinaus Mitglied im Vorstand der Tibethilfe und hat die Arbeit des Vereins wesentlich geprägt.

In der Folge sollten sich die Preise und Ehrungen häufen. Im Jahr 2000 erhielt ich den mit zwanzigtausend D-Mark dotierten Weitsicht-Preis, den der bekannte Fotograf und Fernsehjournalist Dieter Glogowski, der bei seinen Vortragstourneen auch viele Paten für die Deutsche Tibethilfe anwerben konnte, ausgelobt hat. Das Preisgeld floss dringenden Projekten der Tibethilfe zu. 2001 war es der Tibetan Youth Congress TYC (Tibetischer Jugendkongress), der mir die TYC-Auszeichnung für soziale Hilfeleistungen verlieh und tiefe Dankbarkeit der tibetischen Flüchtlinge für die empfangenen Hilfen zum Ausdruck brachte.

2005 folgte der Preis »Light of Truth« (Licht der Wahrheit), der vom Dalai Lama verliehen und von der Menschenrechtsorganisation International Campaign for Tibet (ICT) getragen wird. Ich bekam den Preis gemeinsam mit Vaclav Havel, dem ehemaligen tschechischen Präsidenten, der trotz heftiger chinesischer Proteste auch als Staatsoberhaupt den Dalai Lama offiziell empfangen hat. Der dritte Preisträger dieses Jahres war Otto Graf Lambsdorff, Vorstandsvorsitzender der Friedrich Naumann Stiftung, die maßgeblich den Demokratisierungsprozess der Tibeter in Indien unterstützte. Die Laudatio vor den tausend geladenen Gästen im Berliner Schiller-Theater hielt Dr. Franz Alt, der ebenfalls viel für die Tibeter im Exil bewirkt hat. Der Dalai Lama überreichte uns Preisträgern eine silberne Butterlampe mit einer frischen Sonnenblume darin, die wie ein leuchtendes

Feuer wirkte. Er sagte, dies sei ein Symbol für die Vertreibung der Ignoranz durch die Erleuchtung und bringe durch die Erkenntnis der Wahrheit Licht in die Dunkelheit der Verblendung. Wahrheit sei die einzige Waffe, die uns in dem Kampf um das Überleben des tibetischen Volkes, seiner Sprache, Kultur und Religion, bliebe. Im gleichen Jahr 2005 überreichte der Dalai Lama noch einen Preis an mich: In Zürich, im Kreis der weltweit größten tibetischen Exilgemeinde außerhalb Asiens, erhielt ich die von der tibetischen Exilregierung vergebene Ehrung »Nurse of Compassion« (Schwester des Mitgefühls).

All diese Anerkennung für meine Arbeit und die Arbeit aller meiner Helfer erweckte in mir ein Gefühl unendlicher Dankbarkeit. Dankbarkeit wofür? In einem Interview, das ich unmittelbar nach der Verleihung des Preises »Light of Truth« gab, bin ich darauf eingegangen: »Dankbarkeit, dass der Segen, den der Dalai Lama mir damals zu Beginn meiner Arbeit gab, solch eine Wirkung gebracht hat: dass ich so vielen Tibetern im Exil helfen konnte, dass ich so viele Helfer fand, die mir beistanden. Dankbarkeit auch für das Verständnis meiner Familie, wenn ich nur wenig Zeit für sie hatte. Und Dankbarkeit, dass ich Seiner Heiligkeit immer wieder begegnen durfte und seinen Segen erbitten konnte.«

Die für mich persönlich wichtigste Ehrung aber ließ mir der Dalai Lama zukommen, als er mich Ende Mai 2003 in meiner kleinen Bürowohnung zum Tee besuchte. Nachdem ich ihn viele Jahre lang am Ende jeder meiner Indienreisen in seiner Residenz in Dharamsala aufgesucht hatte, um ihm über die Arbeit der Tibethilfe zu berichten, wollte er vermutlich mit eigenen Augen sehen, in welchem Umfeld diese doch sehr fruchtbare Arbeit für

»seine« Tibeter zustande kam. Welch eine Aufregung, als die Limousine des Dalai Lama mit Polizeieskorte in der engen Mauthäuslstraße vorfuhr. Gewöhnlich bekommt ein einfaches Arbeiterviertel mit Wohnhochhäusern keinen solch illustren Besuch. Verwundert standen auch Nachbarn Spalier, als ich Seine Heiligkeit vor dem Haus empfing. Ich war so aufgeregt, dass ich vergaß, ihm den Katag, den traditionellen weißen Seidenschal, zu überreichen, den ich zur Begrüßung vorbereitet hatte. Auch ein Fernsehteam drängte mit in meine enge Wohnung hinein. Später lief im ZDF in der Reihe »Mona Lisa« ein Bericht über den Besuch Seiner Heiligkeit und die Arbeit der Tibethilfe. Die Wohnung haben wir gelassen, wie sie war, mit dem Bügelbrett als Stehpult und allem anderen. Der Dalai Lama sollte einen authentischen Eindruck bekommen. Auch die Mitarbeiter der Tibethilfe waren vollzählig versammelt. Wir drängten uns um den Tisch, an dem wir gewöhnlich unser gemeinsames Mittagessen einnahmen. Der Dalai Lama saß auf dem Sofa zwischen Plüschtieren und Kissen, trank seinen Tee und zeigte sich beeindruckt davon, dass all die Aktionen der Tibethilfe, die unzähligen Tibetern in ganz Indien zugutekommen, von dieser winzigen Wohnung aus koordiniert werden. Vor allem die Tatsache, dass jeden Abend mein Bett erst von Papieren und Akten befreit werden musste, bevor ich schlafen gehen konnte, hat ihn sehr verwundert und berührt. Er erzählte seine Eindrücke am folgenden Tag in der Münchner Olympiahalle den über zehntausend Menschen, die gekommen waren, um seinen Vortrag zu hören. Er hatte mich vor seiner Rede an der Hand genommen, mit auf die Bühne geschleppt und mich dem Publikum vorgestellt. Da saß ich nun im gleißenden Scheinwerferlicht und es war mir, die ich die große Öffentlichkeit stets gescheut habe, nicht ganz wohl dabei.

Bei anderer Gelegenheit hat mich der Dalai Lama einmal gefragt, ob ich Buddhistin sei. Ich antwortete, dass ich wohl beides bin – Christin und Buddhistin. In der Tat kann ich sagen, dass mir die buddhistischen Weisheiten viele Fragen beantworten konnten. Und doch bekenne ich mich zu meinen christlichen Wurzeln, vor allem zu Tugenden wie der tätigen Nächstenliebe, die stets Grundlage meiner Arbeit für Tibet war. Aber ich nutzte die Gelegenheit, um dem Dalai Lama ein persönliches Anliegen mitzuteilen: »Aufgrund der vielen Arbeit komme ich überhaupt nicht zum Meditieren, habe keine Zeit zum Lesen von buddhistischen Büchern und kann auch nicht zu Belehrungen von Lamas gehen.«

Der Dalai Lama antwortete mir: »Ja, welche Arbeit tust du denn? Da ist doch alles drin!« Mir wurde klar, dass ich mich nicht zur Meditation hinsetzen muss, wenn ich meine Arbeit mit Liebe und Mitgefühl ausführe.

Doch auch jede Arbeit, die mit Liebe und Mitgefühl ausgeführt wird, ist der Vergänglichkeit unterworfen und hat einmal ein Ende. Als mein neunzigster Geburtstag näher rückte, entschloss ich mich, nun wirklich in Rente zu gehen, nachdem ich beim Eintritt in mein erstes Rentenalter mit sechzig Jahren die Arbeit für die Tibeter begonnen hatte. Ich beschloss, als Erste Vorsitzende der Tibethilfe zurückzutreten, meine Arbeit abzugeben und die Münchner Geschäftsstelle der Tibethilfe in eine normale Wohnung zurückzuverwandeln. Es dauerte eine Weile, bis das alles in die Wege geleitet war und alle vereinsrechtlichen Prozeduren erledigt waren. Doch als ich Ende August 2009 meinen runden Geburtstag feierte, war alles auf gutem Wege. Im Kreise meiner Familie – meiner Söhne, Enkel und Urenkel – und meiner Mitarbeiter und Freunde (sogar Rigo Tulku war aus Indien angereist) feierte ich in einem Münchner Biergarten unweit meiner Wohnung, die zu dieser Zeit schon um einen ganzen Aktenberg leerer geworden war. Bei diesem Geburtstagsfest entstand auch die Idee zu dem vorliegenden Buch. Nachdem bei der ordentlichen Mitgliederversammlung der Tibethilfe in München alle formalen Schritte meines Rücktritts als Erste Vorsitzende erledigt worden waren, wurden im Rundbrief die Neuigkeiten allen Mitgliedern und Freunden mitgeteilt. »Eine Ära endet«, lautete die Überschrift des Leitartikels – und eine neue Ära begann. Zum 30. September 2009 wurden alle Aufgaben, um die man sich bislang in München gekümmert hatte, von der Geschäftsstelle Hamburg unter Leitung der neuen Ersten Vorsitzenden Heide Meyer übernommen. Die Überführung aller Karteien, Papiere und Akten von München nach Hamburg war natürlich ein Kraftakt der besonderen Art, doch auch er ging reibungslos über die Bühne. Für die Mitglieder und Paten änderte sich hingegen nichts – die Kontonummern blieben gleich, der Rundbrief mit allen aktuellen Berichten und Meldungen kam weiterhin regelmäßig ins Haus, die Hilfsprogramme für die Tibeter im Exil und für die Projekte in Tibet liefen weiter wie gehabt.

Ich konnte nun endlich, mit neunzig Jahren, in den Ruhestand gehen. Zu meinem Geburtstag hatte man Geld gesammelt, um meine Büro-Wohnung gründlich zu renovieren und in eine gemütliche Bleibe zu verwandeln. So blieb mir nichts anderes, als mich mit einem herzli-

chen Dankeschön an alle Paten und Freunde der Tibethilfe und vor allem auch an alle Mitarbeiter, die mich
über viele Jahre begleitet haben, von meinem aktiven
Einsatz für die Tibeter zu verabschieden. Noch immer
besuchen mich regelmäßig ehemalige Mitarbeiter, um in
der altgewohnten Umgebung ein wenig mit mir zu plaudern oder um unseren ehemaligen Mittagstisch zu sitzen.
Auch sie waren »arbeitslos« geworden, denn der Weg
nach Hamburg war doch etwas zu weit. Und noch immer habe ich hin und wieder Gelegenheit, den Dalai
Lama zu treffen, wenn er bei seinen Reisen den Münchner Flughafen zum Umsteigen nutzt.

Ich habe oft darüber nachgedacht, was über all die
Jahre den großen Erfolg der Tibethilfe ausgemacht hat.
Es war die Bereitschaft sehr vieler Menschen, ein we-
nig von sich zu geben, sei es nun Geld oder persönliches
Engagement.

Der tibetische Meditationsmeister Patrul Rinpoche
hat dieses Prinzip der kleinen Schritte treffend auf den
Punkt gebracht. Sein Ausspruch, in dem die »Philosophie« der Tibethilfe zusammengefasst scheint, kann jedem Menschen, der sich aktiv für seine Mitmenschen
einsetzen möchte, als Leitsatz dienen:

»Unterschätzt niemals die kleine gute Tat,
indem ihr glaubt, sie würde nicht viel helfen.
Denn Wassertropfen können, einer nach dem anderen,
im Lauf der Zeit selbst einen großen Topf füllen.«

Die Arbeit der Deutschen Tibethilfe geht unverändert weiter. Wer für die Tibeter im Exil spenden oder eine Patenschaft für ein tibetisches Kind, einen Studenten oder einen alten Menschen übernehmen oder sich einfach nur informieren möchte, wende sich an:

Deutsche Tibethilfe e.V.
Heide Meyer
Tegetthoffstraße 10
20259 Hamburg
Telefon: 0 40-46 09 36 79
E-Mail: tibethilfe@aol.com
Internet: www.deutschetibethilfe.de

Leben in Tibet gestern und heute:
Bücher von der Schwägerin des Dalai Lama

Namgyal Lhamo Taklha: Die Frauen von Tibet

Nomadin in der Grassteppe, Nonne aus tiefem inneren Wunsch, Adlige mit Korallen und Türkisen, Bauersfrau in der weiten kargen Hochebene – wie lebten die Frauen in Tibet, bevor die Chinesen das Land besetzten? Die faszinierenden Lebensgeschichten von neun Tibeterinnen zeigen die Stärke von Tibets Frauen, ihre wichtige Stellung in der Feudalgesellschaft und die aus uralten Zeiten überlieferten Traditionen.

288 Seiten, ISBN 978-3-485-01101-3

Namgyal Lhamo Taklha: Geboren in Lhasa

Namgyal Lhamo Taklhas Leben, das behütet in der tibetischen Hocharistokratie beginnt, verändert sich dramatisch, als die Chinesen Tibet besetzen. Mit liebevollen Details läßt sie in ihrer Autobiografie eine längst vergangene Epoche tibetischer Kultur wieder lebendig werden und schildert dann ihr schwieriges Leben im Exil. Ihr aufwühlender Lebensbericht dokumentiert auch das Schicksal einer ganzen Nation.

368 Seiten, ISBN 978-3-485-00915-7

nymphenburger www.nymphenburger-verlag.de

Das Leben der Tibeter im Exil

»Wenn der Eisenvogel fliegt und die Reitpferde auf Rädern rollen, wird der Mann aus dem Schneeland seine Heimat verlassen müssen und der Dharma wird die Länder des rotwangigen Mannes erreichen«, prophezeite der buddhistische Lehrer Padmasambhava im 8. Jahrhundert. 1200 Jahre später erfüllt sich die Vorhersage auf dramatische Weise, Tausende Tibeter gehen ins Exil. Wie ergeht es ihnen dort? Wie hat sich ihre Gesellschaft in Freiheit entwickelt?

Tibet-Kenner Klemens Ludwig beschreibt das Leben der Exilgemeinde in Indien, Nepal, Europa und Nordamerika. Er lässt Tibeter zu Wort kommen, die ihre eigene Geschichte erzählen.

»Eine umfangreiche, eindringliche und aktuelle Dokumentation. (...) Spannend zu lesen.«
Buddhismus aktuell

Klemens Ludwig
Wenn der Eisenvogel fliegt

188 Seiten mit Fotos, ISBN 978-3-485-01152-5

nymphenburger   www.nymphenburger-verlag.de